马来西亚研究报告

(2019~2020)

主 编 / 林宏宇 钟大荣

RESEARCH REPORT OF MALAYSIA (2019-2020)

序　言

如果说"大国是关键、周边是首要"依然是新时代中国外交的战略布局，那么马来西亚就是中国"周边中的大国"，其战略地位既关键，又重要。我们常说"一带一路、大马带路"。的确，马来西亚作为东盟的重要成员国，是我国"一带一路"建设中非常重要的伙伴国家之一。尤其是在当前"一带一路"建设开始从"大写意"进入"工笔画"的第二阶段，马来西亚将扮演更加重要的角色。未来中马双方的深度合作殷殷可期，而且这种合作既有利于双方，又造福于周边。

"后之视今，亦如今之视昔"。为了更好地理解中马两国未来合作的前景，我们不妨先简要回顾一下近两年来中马关系的发展情况。

2018年马来西亚"5·9"政治地震后，马来西亚政局发生了巨大变动，中马关系也面临不少新问题和新挑战。但具有远见卓识的两国领导人很好地把握了时机，让中马关系保持住了难得的良好发展势头。2018年8月17日至21日，应中国国务院总理李克强的邀请，马来西亚新政府总理马哈蒂尔一上台就对中国进行正式访问。访问期间，中国国家主席习近平会见马哈蒂尔总理，李克强总理同马哈蒂尔总理举行正式会谈，全国人大常委会委员长栗战书也会见了马哈蒂尔总理。两国领导人在诚挚友好的气氛中，回顾中马友好交往历史，规划两国关系未来发展，并就共同关心的地区和国际问题深入交换了看法。双方领导人一致认为，中马传统友谊深厚，两国既是全面战略伙伴，也是务实合作伙伴，两国应站在各自国家发展新的历史起点上，从战略大局和长远出发，在相互尊重、平等互利的基础上，进一步增进政治互信，深化务实合作，推动中马全面战略伙伴关系持续稳步发展。同时，中马两国领导人还同意加大治国理政方面的经验交流，加强双边关系的战略规划，就重大的地区和国际问题及时沟通。马哈蒂尔新政府表示将继续积极参与"一带一路"合作，加快落实两国政府《关于通过中方"丝绸之路经济带"和"21世纪海上丝绸之路"倡议推动双方经济发展的谅解备忘录》，并探讨制定相关规划纲要。

具体到经贸方面，近两年来，两国共同编制了《经贸合作五年规划（2018—2022）》。在相互尊重、平等互利的基础上开展双向投资，鼓励在信息通信技术、数据分析、设计研发、物联网、云计算和人工智能等高价值领域开展技术转移等合作；较好地发挥了"两国双园"联合协调理事会机制作用，共同推进中马钦州产业园和马中关丹产业园建设。此外，双方还加强在基础设施、农渔业等领域的合作，积极拓展电子商务、互联网经济等新领域的合作，并启动商签双边跨境电子商务合作谅解备忘录，为两国中小企业提供难得的机遇，并努力扩大贸易规模，通过双边和地区合作维护金融稳定，改善营商环境，支持两国中小企业和服务机构间合作。

在马哈蒂尔总理访华期间，中马两国还续签了《中国人民银行与马来西亚国家银行双边本币互换协议》，签署了《中华人民共和国财政部与马来西亚证券监督委员会跨境会计审计执法合作备忘录》《中华人民共和国海关总署与马来西亚农业与农基产业部关于马来西亚冷冻榴莲输华检验检疫要求的议定书》《海南省农垦总局与马来西亚橡胶局关于橡胶沥青路面技术和割胶自动化技术及商业化合作谅解备忘录》《清华大学与马来西亚棕榈油局关于马来西亚棕榈油生物燃料技术发展及促进的谅解备忘录》等重要的合作文件，这些文件为中马经贸合作走深、走实奠定了基础。

在人文交流领域，中马双方都致力于加强、深化并扩大有关人文方面的交流合作，并把2020年定为"中马文化旅游年"。

在国防、执法、反恐和司法领域，中马两国也积极加强合作，不断提升交流合作水平，共同致力于维护地区安全稳定。近两年来，中马双方不断加强两军高层交往，两国国防部之间建立了热线电话，并联合开发建造濒海任务舰。双方还召开了中马第四次打击跨国犯罪合作联合工作组会议；两国还合作致力于廉洁社会与反腐倡廉建设。

序 言

近两年来,中马两国还致力于多边国际事务合作,共同支持在联合国等多边机制内的国际合作,共同推动"南南合作",共同维护广大发展中国家权益,共同推动建设"相互尊重、公平正义、合作共赢"的新型国际关系。中马双方还共同推动制定《中国-东盟战略伙伴关系2030年愿景》,深入推进东亚经济共同体建设,为《区域全面经济伙伴关系协定》(RCEP)最终达成协议做出了重要贡献。双方还共同坚持多边主义,抵制贸易保护主义和单边主义,维护《联合国宪章》宗旨和原则,维护以世界贸易组织为核心的多边贸易体制,推动经济全球化朝着开放、包容、普惠、平衡、共赢方向发展。

此外,中马两国还共同致力于维护南海和平、安全与稳定及航行自由,均认为各直接有关主权国家应尊重包括1982年《联合国海洋法公约》在内的国际法原则,积极推进海上务实合作和"南海行为准则"的磋商,均主张当事国应保持克制,不采取使争议复杂化、扩大化的行动,通过友好磋商和谈判以和平方式解决争议。

近两年来,中马两国的合作领域不断拓展,利益融合不断深化,为两国人民带来了实实在在的福祉。2019年,中马关系再次呈现了稳定、蓬勃的发展势头。两国政府与人民共同庆祝中马建交45周年。马哈蒂尔总理赴华出席第二届"一带一路"国际合作高峰论坛,与中国领导人一道绘制了双边关系发展蓝图。双方合作的东海岸铁路、大马城项目重启,马来西亚冷冻榴莲整果获准输华,两国贸易额、中国游客访马游客人数、两国互派留学生人数都达到历史最高。

2020年是中马两国关系历史上具有里程碑意义的一年。对中国而言,我们要在这一年实现第一个百年奋斗目标,在年底前彻底消除贫困,全面建成小康社会。马来西亚在2020年作为主席国举办亚太经合组织领导人非正式会议,并开展"2020马来西亚旅游年"活动,让世界的目光齐聚马来西亚。

当前世界正面临着"百年未有之大变局",挑战与机遇并存。展望未来,人类进入大数据、云存储、人工智能的时代,国际秩序、社会思潮、全球治理将加速重塑进程,历史将掀开崭新的篇章。2020年还是"中马文化旅游年",中马两国政府规划了一系列活动,深化务实合作,增进两国人民间的了解与交流。我们相信中马双方将会继续携手并进,努力实现互利共赢、共同发展的美好目标。

在上述中马友好关系的大背景下,根据我院马来西亚研究中心的年度工作计划,我们编撰出版了这个研究报告。本研究报告从"政治""马来西亚华人""中马关系"等视角,系统梳理与总结了近两年来马来西亚研究的成果。该报告既是我院马来西亚研究中心的年度工作成果,也是我院贯彻落实习近平总书记视察暨南大学重要讲话精神的《专项行动计划》的重要内容之一。此报告将是我院马来西亚研究中心年度系列研究成果的第一本。以后每个年度将出版一本。在此我衷心感谢各位撰文学者对本书的贡献,同时也希望此书的出版有助于我院马来西亚研究工作的进一步开展。

华侨大学国际关系学院院长

林宏宇

2020年1月18日于福州

目 录

Ⅰ 政治

浅析马来西亚"5·9"大选及大选后政治发展 ……………… 刘 勇 / 001
永远的替代者：旺·阿兹莎的从政之路分析 ……………… 范若兰 / 025

Ⅱ 马来西亚华人

马来西亚董教总维护华文教育的变革策略 ……………… 黄宗财 / 045
马来西亚闽南人的民间信仰 ……………… 廖文辉 / 062
客家山歌在马来西亚的"本土化"
　　——以国宝级山歌手丘惠中及其山歌创作为例 ……………… 苏庆华 / 089
艰难选择：从叶落归根到落地生根
　　——以马来西亚龙岩籍华侨为例 ……………… 张佑周 / 110
办报实践的历史视角：粤闽籍华侨华人在马来西亚的社会
　　影响与财富积累差距 ……………… 彭伟步 / 128

Ⅲ 中马关系

"5·9"大选后的马来西亚政治特征与中马关系未来走向 … 钟大荣 / 143

Contents ………………………………………………… / 156

政 治
Politics

浅析马来西亚"5·9"大选及大选后政治发展

刘 勇*

摘　要： 政治强人马哈蒂尔带领希望联盟终结了国民阵线长达61年的执政，让马来西亚实现了政党轮替。综观此次大选，马来人政党的竞争导致了马来人内部的分裂，政府长期的腐败导致了民众对政府的离心力，而马哈蒂尔的加盟则为反对党联盟带来了号召力和领导力，上述种种因素促成了希望联盟的胜利。大选过后，马来西亚的政治发展呈现新的趋势和特点，巫统执政的下台将会在一定程度上消除族群间的隔阂，但是社会的纵向分裂与横向分裂交织则会导致政治碎片化的加剧；两线制的初步形成，将会在一定程度上促进威权政治的松动；政党类型的发展变化也会对马来

---

* 刘勇，洛阳外国语学院马来语专业讲师，博士研究生。

西亚政党政治和民主化的发展产生一定的影响。虽然马来西亚政治发展有向民主化迈进的趋势，但是其未来的发展仍然存在一定的隐忧，也将给未来的政治发展带来一定的不确定性。

关键词： 马来西亚　大选　政党政治　希望联盟

一　引言

作为君主立宪制的国家，马来西亚从独立起就拥有民主体制内所必需的选举体制和反对党，但是以巫统为首的执政党联盟从国家独立开始就一直执政，时间达61年之久，这期间国家一直处于威权统治之下。在2018年5月9日举行的第十四届全国大选中执政党联盟国民阵线败选，马来西亚首次实现政党轮替，由前总理马哈蒂尔领导的希望联盟获得下议院过半数议席，成功入主布城。此次大选，马哈蒂尔所领导的希望联盟获得国会113个议席，国民阵线获得79个议席，伊斯兰教党领导的和谐阵线获得18个议席，反对党联盟赢得了政权，成功实现了"变天"。① 随后国民阵线出现了分裂，沙巴州的四个国民阵线成员在大选结果发布之后随即相继宣布退出国民阵线，与沙巴民族复兴党合作在沙巴州执政，② 而砂拉越州原来的四个政党也在2018年6月10日前后相继宣布退出国民阵线，③ 民政党也在6月25日宣布退出国民阵线，随后巫统内部多名议员声称厌恶了巫统内部的金钱政治、诽谤政治等政治生态，宣布退出巫统，因此巫统的国会议员

---

① 范若兰、廖朝骥：《追求公正：马来西亚华人政治走向》，《世界知识》2018年第12期。
② 《沙团结党退出，沙巴国民阵线形同解体》，《当今大马》2018年5月12日，https：//www. malaysiakini. com/news/424505。
③ 《砂四成员党宣布退出国民阵线》，马来西亚国家通讯社，2018年6月12日，http：//mandarin. bernama. com/v3/index. php？sid＝news&cat＝news＝ge&id＝147377。

数量进一步减少到51个议席,国民阵线席位也仅剩54个议席。① 加上马哈蒂尔表示,希望联盟不接受从国民阵线退出的政党,因此沙巴州和砂拉越州退出的国民阵线成员也宣布组成自己的联盟,如今马来西亚政坛已经正式形成了联盟三足鼎立、政党多极发展的态势。

二 "5·9"大选希望联盟获胜原因探析

大选前,希望联盟声称此次大选将在"3·8华人海啸"和"5·5海啸"之后,在马来西亚掀起"马来人海啸",意思是将会领导马来人一起共同反对执政党联盟国民阵线。然而,最终希望联盟成功战胜国民阵线获得执政权,获胜的原因并非仅仅是"马来人海啸"那么简单。

(一)马来人的分裂和选票的分散

从马来西亚选举委员会最后发布的得票率统计来看,此次大选希望联盟的得票率是48.3%,同比上升了12.5个百分点,国会席位数比例是55.0%,其主要成员党民主行动党的得票率为17.4%,同比上升了1.6个百分点;而人民公正党的得票率则同比下降了3.2个百分点,为16.9%;土著团结党和国家诚信党的得票率分别为5.9%和5.4%。国民阵线的得票率是33.8%,同比下降了13.7个百分点,国会席位数比例是35.6%,其中主要政党巫统得票率为20.9%,比上次大选下降了8.2个百分点;马华公会得票率为5.4%,同比下降了2.5个百分点;印度人国大党得票率为1.4%,同比下降了1.2个百分点。和谐阵线的得票率是16.9%,同比上升了1.8个百分点,其中主要政党伊斯兰教党的得票率为16.6%,国会席位数比例是8.1%,得票率比上次大选上升了1.9个百分点。②

---

① Umno tinggal 52 kerusi, MP Bukit Gantang pula keluar parti. Malaysiakini, 2018 - 6 - 27, https://www.malaysiakini.com/news/431542.
② 数据来源于马来西亚选举委员会官网,http://pru14.spr.gov.my/#!/home,最后访问日期:2018年8月12日。

首先，从三个联盟的得票率来看，希望联盟的得票率上升了12.5个百分点，和谐阵线的得票率上升1.8个百分点，而国民阵线的得票率下降了13.7个百分点，基本上国民阵线所失去的票数与流向希望联盟和和谐阵线的票数持平。其次，从两个联盟中的主要政党来看，巫统的得票率下降了8.2个百分点，人民公正党的得票率下降了3.2个百分点，而土著团结党的得票率为5.9%，从伊斯兰教党分裂出来的国家诚信党的得票率为5.4%，伊斯兰教党的得票率提高了1.9个百分点，因此从主要的马来人政党来看，巫统和人民公正党流失的选票与流入其他三个政党的选票大体持平。最后，华人政党民主行动党的得票率上升了1.6个百分点，而马华公会的得票率下降了2.5个百分点，相比来说差别不大。

综上所述，希望联盟所希望的"马来人海啸"其实并未实现，而国民阵线败选的主要原因是伊斯兰教党退出反对党联盟成立了新的联盟，造成联盟之间的三足鼎立之势，加上以马来人为主的政党从上次大选的3个增加到此次的5个，造成了马来选民的分裂从而大大分散了马来人的选票。马来人的选票流向了5个主要政党，而国民阵线里只有巫统一个主要的马来人政党，希望联盟里却有三个马来人政党，此消彼长，无形中增强了希望联盟的力量。因此对于国民阵线来说，这个三足鼎立的局势实际上削弱了自身的优势，以前靠着马来人的人口优势就可以在所有政党中一家独大，而如今马来人政党的分裂造成了马来人的分裂，从而削弱了其一直以来的优势。加上马华公会和马来西亚印度人国大党虽然号称分别代表华人和马来西亚印度人的利益，但是长久以来都不受上述两个族群的支持，此次大选中得票率继续下降，而民主行动党则继续保持其对华人的吸引力，因此这样看来，国民阵线的失败也就不难理解了。

反观希望联盟内部，人民公正党、土著团结党和国家诚信党三个马来人政党的得票率加起来是28.2%，对比巫统20.9%的得票率和伊斯兰教党16.6%的得票率，马来人三分之势尤为明显，其中希望联盟的三个马来人政党的得票率加起来最高，再加上传统强党民主行动党17.4%的得票率，希望联盟的胜利就是情理之中的事了。

（二）政府腐败导致民众产生离心力

马来西亚以巫统为主、一家独大的政治体制在马来西亚独立后一共延续了61年，长期的执政也造就了其威权的执政风格。虽然马来西亚拥有民主的选举体制，但是因为种种原因，反对党很难通过选举战胜执政党获得执政权，因此在很多学者的眼里，这是一种伪民主，或者称为竞争性威权主义。① 这种体制确有它的先进之处，那就是可以集中力量办大事，但是它致命的缺陷就是容易滋生腐败，因为长期执政形成了固有的利益集团，腐败问题极易发生。当初安瓦尔因为鸡奸罪名被逮捕后发生的"烈火莫熄"运动反映了民众对于强权政治的不满，这也掀起了马来西亚政治改革的序幕。但是当初马哈蒂尔的强权政府在处理类似于1998年东南亚金融危机等实际问题时确实更加高效和果决，且相对来说马哈蒂尔自身更加清廉，即便受到诸如儿女经商、政商一体的质疑，但是他个人并不存在明显的腐败问题。所以即使面临来自国际国内的多重压力，声势浩大的"烈火莫熄"运动也并没有动摇巫统的统治。

而如今国民阵线的下台，与威权统治下的贪腐有着一定的联系，而导火索则是前总理纳吉布的一马公司丑闻。一马公司丑闻始于2015年，当时一马公司附属的几个子公司被爆出高额的债务问题，这随即引起了马哈蒂尔对纳吉布的批评，随后又爆出纳吉布私人账户中收到来自一马公司的大约7亿美元的转账，这让纳吉布瞬间处于舆论的旋涡之中，时任副总理慕尤丁因为提出希望总理纳吉布说明上述款项的来由被纳吉布以维护最高领导层的统一性为由革职，随后负责调查上述事件的总检察长也被纳吉布解职。这一系列的做法在马来西亚国内引起了轩然大波。马哈蒂尔甚至发起了"拯救大马"运动，希望收集到100万人的签名，从而向最高元首请愿，革除纳吉布的总

---

① 庄礼伟：《第13届国会选举前夕的马来西亚：选举型威权的终结？》，《东南亚研究》2013年第2期。

理职务，但是最后也是不了了之。①

一马公司事件持续发酵，虽然纳吉布新任命的总检察长在调查后声称纳吉布的账户转账与一马公司无关，但是包括美国等多个国家都因为一马公司的资产不清而冻结了该公司的部分资产，同时美国司法部还提出了"马来西亚第一官员"腐败问题，这也使纳吉布政府的公信力越来越差，甚至在巫统内部他也被认为是政治负担。②新政府上台后，随即对一马公司的问题展开调查，在对纳吉布的住处进行搜查的过程中，查获的现金加各种物品总计价值约11亿林吉特，其中包含11670万林吉特现金，金饰价值44000万林吉特，567个包价值5130万林吉特，423块手表价值7800万林吉特，234副眼镜价值374万林吉特等。③虽然一马公司的事件如今仍难定论，但是前总理纳吉布如此巨额的财富与一马公司巨大的亏空相比，难免会引起人们的批评和不满。

与一马公司丑闻几乎同时出现的消费税（GST）征收问题更加剧了民众的不满。这一税种于2015年4月1日开始征收，在马来西亚国内引起了强烈反响，这被认为是因为政府的腐败导致了财政入不敷出，所以只能采取加征税收的方式来填补财务漏洞。如今新政府上台之后宣布，马来西亚政府债务已有1万亿林吉特之巨，将开始节俭开支。同时为了吸引选票，希望联盟也履行了竞选宣言中的承诺，于2018年6月1日取消了这一征税，在8月8日国会会议中，废除消费税法案在国会三读过后，财政部部长林冠英正式宣布取消消费税。④

一马公司丑闻和消费税所反映出来的贪腐问题给国民阵线的执政带来了

---

① 张倩烨：《马哈蒂尔"拯救大马"运动的困境》，超讯资讯，2016年4月14日，http://www.supermesia.hk/?=975。
② UMNO tak boleh buang masa pertahan Najib. Malaysiakini, 2018年8月9日, https://www.malaysiakini.com/news/438107.
③ Barangan rampasan - 2200 cincin, 2100 gelang, 1400 rantai. Malaysiakini. 2018年6月27日, https://www.malaysiakini.com/news/431491.
④ Dewan Rakyat luluskan RUU Cukai Perkhimatan, Malaysiakini, 2018年8月8日, https://www.malaysiakini.com/news/438029.

负面的影响，而彻查一马公司和取消消费税的决策则为希望联盟赢得了民心，这对希望联盟来说是极大的利好，因此选前舆论一致认为，取消消费税是希望联盟最大的杀器，最终希望联盟也成功地取代国民阵线获得了国家的执政权。

（三）马哈蒂尔带来的号召力和领导力

正如马来西亚学者希沙姆丁·拉伊斯所说，希望联盟的成功无法否定马哈蒂尔的重要作用，正如无法否定安瓦尔在推动马来西亚政治改革中的作用一样。[1] 综观反对党联盟的奋斗史，他们从来不曾在国会大选中给予执政党联盟以真正的威胁，即使是在安瓦尔的带领下，反对党联盟取得过一定的胜利，但是也没有对巫统的国家执政权产生根本的影响。直到马哈蒂尔的到来，在马哈蒂尔与纳吉布因为一马公司丑闻公开决裂之后，虽然也曾经尝试通过逼宫形式迫使纳吉布下台，但是在所有方式均告失败之后，马哈蒂尔开始尝试用民主的方式来达成目标。他成立了新的政党——土著团结党与反对党联盟合作，尝试通过大选来打败执政党联盟。

从"烈火莫熄"运动开始，马来西亚的政治改革拉开了序幕，但始终还是不能从根本上动摇国民阵线。反对党联盟成员党之间的关系不睦是主要原因，其中民主行动党和伊斯兰教党之间的关系是最大的阻碍，而两者的关系是由它们各自的政党特性所决定的，两个政党的宗旨决定了它们的合作不会长久，民主行动党倡导建立"马来西亚人的马来西亚"，主张建立世俗的、现代化的马来西亚，而伊斯兰教党则主张建立政教合一的国家和政府，这种"无法调和"导致两党之间分分合合。虽然有人民公正党的安瓦尔一直在从中斡旋，但是安瓦尔并不具备类似于马哈蒂尔的号召力，无法促使各方达成一致，这在一定程度上影响了选民的信心，选民们无法预测在政见相悖的政党组成的政府领导下，马来西亚能够走向何方，因此虽然反对党联盟

---

[1] Hishamuddin Rais, Merakam sejarah：Anwar Ibrahim, Malaysiakini, 2018 年 6 月 12 日，https：//www.malaysiakini.com/columns/431381.

自"烈火莫熄"运动后取得了一定的胜利,但是仍然无法取代国民阵线。相反,在马哈蒂尔的号召下,虽然伊斯兰教党决定退出反对党联盟,但是新成立的国家诚信党和土著团结党一致决定加入希望联盟,最终这两个马来人政党也成功地填补了伊斯兰教党退出之后的选票空缺,反对党联盟的得票率虽较上届大选下滑但差距并不大。

反对党联盟长期失败的另一个原因是领导力问题,在"烈火莫熄"运动之前,反对党的存在感很弱,基本没有对国民阵线产生什么影响。"烈火莫熄"运动之后,因为安瓦尔事件的刺激和安瓦尔的加入,反对党联盟逐渐发展壮大,也曾创造了"3·8海啸",但是始终没有赢取全国政权。这是因为反对党中并不存在一个有领导经验和领导力的群体或者个人,安瓦尔虽然曾经当过副总理,但是受鸡奸案的影响,一直无法专心从政。林吉祥虽然长期活跃于政坛,但是他不具备全国执政经验,这在一定程度上影响了人民的信心,因此长期以来反对党联盟无法上台执政。虽然民主行动党长期在槟榔屿州执政,但是其执政经验也仅限于一州,并不具备全国执政的经验。

马哈蒂尔的到来改变了这一现状,他所领导的土著团结党中有前副总理穆希丁,前州务大臣慕克里兹,他们具备在国家层面和州层面丰富的执政经验,让人民看到了希望联盟有能力、有经验将马来西亚发展得更好。同时马哈蒂尔也改变了以往反对党联盟貌合神离的状态,在他的带领下,虽然希望联盟内部仍然存在一定的分歧,仍不停受到国民阵线的打压,但是希望联盟内部空前团结,最终获得了全国的政权。

三 大选后马来西亚的政治发展趋势及特点

希望联盟通过大选顺利终结国民阵线的执政,实现了权力的和平过渡,人民也亲切地称希望联盟执政下的国家为新马来西亚,希望它能够呈现新的发展势头。就换届后的马来西亚政府来看,它终结了国民阵线传统的政治模式,展现出新的政治特点,将会在一定程度上推动马来西亚的政治改革,促进政党政治发展的同时也推动威权政治逐渐向民主化的过渡。

（一）恐吓政治趋势减弱，政治碎片化程度加剧

随着希望联盟终结了国民阵线长达 61 年的执政，马来西亚政治进入了新的发展时期，长期桎梏着马来西亚的族群矛盾也有望得以缓和。众所周知，马来西亚的族群问题由来已久，英国殖民者"分而治之"的政策导致了族群的分化，虽然并不存在明显的种族冲突，但是各族群之间已经产生了隔阂。日本殖民者通过刻意拉拢马来人，挑起了马来人与华人之间的对抗，不但激发了马来人与华人之间前所未有的族群冲突，也激起了马来人发展出一种自我拯救的民族主义运动。[①] 巫统在这一背景下组建，因此巫统从组建开始就以马来人的保护者自居，随着马来亚独立和马来西亚的成立，巫统也一直是马来西亚政坛占主要地位的政党，它宣称代表着最广大马来人的利益，因此也得到了马来人的广泛支持。巫统自建立以来的族群属性保证了自己在马来西亚长久的执政地位，但是也造成了马来西亚长期的族群分离。族群间的分离使巫统长期获得马来人的支持，它只需要简单动员就能够获得马来人的大量选票，因此巫统长期以来都是以绝对优势赢得大选获得执政权。

1998 年的安瓦尔事件是造成马来人内部分化的分水岭，安瓦尔事件之前的马来人如果说是一块整体的话，那么该事件之后的马来人则产生了明显的分裂，一部分人支持巫统的统治，另一部分人同情安瓦尔的遭遇。随着马来人的分化以及马来人反对党的发展壮大，巫统领导的执政党联盟的政治策略发生了变化，巫统正式结束了简单动员就能吸引马来人选票的时代。此后，巫统的马来人政策逐渐从吸引动员转向了恐吓利诱的阶段，也就是俗称的恐吓政治，将政策领域的竞争转化为族群之间的斗争，将政治问题转化为种族问题，杜撰族群关系的紧张，最终获得自身的政治利益。具体表现是将反对党形容为华人政党，向马来人宣传华人政党获取政权将会奴役马来人，

---

① 陈中和：《太平洋战争前后英日殖民统治与马来亚独立建国运动》，《世界历史》2018 年第 3 期。

只有巫统才能保护马来人利益的思想，迫使马来人对华人产生敌视，制造恐慌，从而将选票投向国民阵线，同时也让支持反对党联盟的马来人在将选票投向反对党时感到犹豫。此外，巫统还经常在大选等关键时刻以不同名义向马来人发放现金，以笼络生活水平较低的马来人的民心。对待华人也同样采取恐吓政策，通过历史事件的威胁，让华人在做出选择时有所忌惮，通过极端民族主义的方式迫使华人胆怯，加上"5·13事件"的历史记忆，从而让华人在大选投票时必须有所顾忌。巫统的这一政策确实有效地实现了自身的目标，但是通过人为杜撰的华巫矛盾，两个族群产生了真正的族群隔阂。可以说，巫统过分强调自身政党的族群特性，造成了马来西亚社会以族群为基础的纵向分裂，增加了族群之间的矛盾和误解，加剧了族群之间的矛盾。而随着国民阵线的下台，恐吓政治得以终结。希望联盟执政后，首先明确表示马来人继续享有特权，以免造成马来人群体的恐慌，其次希望联盟还努力淡化族群之间的差异，以社会的横向分裂为基础充分考虑各个族群的利益，各个族群代表在希望联盟内部的相对平等地位，将会使恐吓政治失去市场，并在一定程度上促进族群间的和谐。

希望联盟的执政终结了巫统长期的恐吓政治，族群之间的团结有望得到一定的促进，族群关系也将会得到一定程度的缓和，但是随着新政府的执政，马来西亚的政治呈现碎片化程度加剧的特点。根据政党体制的分类，竞争性的政党制度大体可以分为四种类型：两党体制、两个半政党体制、有支配政党的多党体制和碎片化的多党体制。其中两党体制主要是指有两个力量相当的政党支配着政局；两个半政党体制是指有两个大党和一个小得多的第三党；有支配政党的多党体制是指有几个起作用的政党，但是其中一个处于支配地位；碎片化的多党体制是指有几个或更多的政党，这些政党的力量比较平均，都能在国家政治生活中起重要作用。① 在国民阵线执政时期，由于巫统的强势地位和绝对优势，马来西亚一直属于有支配政党的多党体制，巫

---

① J. Blondel, "Party Systems and Patterns of Government in Western Democracies," *Canadian Journal of Political Science*, Vol. 1, No. 2, 1968, pp. 180 - 203; J. Blondel, Comparative Government, London: Prentice - Hall, pp. 170 - 172.

统为主要政党，其他的执政党以及各反对党的影响都相对有限。反对党在1998年安瓦尔事件之后从原来的民主行动党独占优势，到民主行动党、人民公正党和伊斯兰教党三驾马车，再到2018年的大选前，反对党联盟又加入了新成立的国家诚信党和土著团结党，使反对党的力量发展壮大。在马来西亚第十四届大选后，国会席位体现出选民分裂化的特点，各主要政党的国会席位分别为巫统54席、人民公正党47席、民主行动党42席、伊斯兰教党18席、土著团结党13席、国家诚信党11席、砂拉越土著保守联合党13席、沙巴人民复兴党8席。[①] 根据席位分配来看，马来西亚的政党力量主要分为两个梯队，第一梯队是巫统、人民公正党和民主行动党，第二梯队是伊斯兰教党、土著团结党、国家诚信党、沙巴人民复兴党和砂拉越土著保守联合党等。巫统的绝对支配地位消失，取而代之的是第一梯队的巫统、人民公正党和民主行动党平分秋色；加上第二梯队的政党不可忽视的政治影响，马来西亚如今的政党体制呈现碎片化的多党体制的特点。

诚如相关学者指出，一国内部政治态度和价值观的差异程度甚至会比国家间的差异程度要大得多，政治亚文化过于突出就有可能威胁政治体系的稳定，如果社会成员仅仅将忠诚维系于地方或种族的狭隘团体，忽略整个政治体系目标以及对国家的忠诚时，就可能造成国家政治的不稳定。[②] 随着国民阵线相关成员党相继宣布退出联盟，马来西亚碎片化的多党体制特点更加鲜明，其具体表现形式是联盟林立，政党分散。其中有希望联盟、国民阵线、和谐阵线、沙巴州政党组成的沙巴联合阵线、沙巴团结联盟、沙巴人民复兴党以及砂拉越州的一些独立政党等。这些联盟有的是以政治目标为基础，有的是依靠族群关系维系，有的是基于宗教信仰，有的是以某些地区或者区域为基础。联盟成立的标准不同也导致相关联盟的不稳定状态，这些联盟或者政党之间的相互独立状态造成了马来西亚政治发展的碎片

---

① 数据来自马来西亚选举委员会，http://pru14.spr.gov.my/#!/home，最后访问日期：2018年8月21日。
② 叶笑云：《"碎片化"社会的政治整合——马来西亚的政治文化探析》，《东南亚研究》2006年第6期。

化。马来西亚人在政治上因为政党或者联盟的不同而被根据区域、族群、信仰等分成了各个群体，政党的过分碎片化也将导致人民的分离化，这对国家的发展和人民的团结是十分不利的。因此马来西亚如今的这一碎片化的不稳定政局，将会是一种过渡状态，要想实现政治的稳定和国家的发展，现有的政党势力需要进行整合，从而团结各族、各宗教信仰、各地区的人民，共同促进国家的发展。马来西亚政治的碎片化也决定了在未来一段时间内，马来西亚的政治形势将会处于不稳定的状态，任何的政党联盟或者独立政党未来都有解散或者重新联合的可能，而未来任何的政党或者联盟组合都将对马来西亚的政坛产生十分重要的影响。希望联盟虽然获得国家政权，但是它所拥有的国会席位数仅超过半数，还没有超过2/3的绝对多数，可以说政权并不稳固，政治碎片化下各独立联盟和政党的未来合作将会对马来西亚政坛产生极其重要的影响。

（二）两线制初步形成，威权政治进一步松动

议会民主制最重要的特点就是两线制，通过构建民主的选举制度，实现两党或者两个政党联盟的轮流执政，相互监督，促进民主的发展。然而在第十四届大选之前，马来西亚从来没有实现过政党轮替，巫统领导的执政党联盟长期在朝，虽然反对党联盟也曾经获得过个别州的执政权，但是联邦政府一直控制在巫统领导的执政党联盟手里。2018年大选之前马来西亚从来没有过政党轮替的经验，抑或说两线制从来没有真正形成过，因此马来西亚也经常被学者称为是伪民主的国家。

如今希望联盟成功通过大选获得了国家的执政权，实现了权力的和平与顺利过渡，并没有出现选前人们所担心的混乱状态，这也标志着马来西亚政党选举的两线制初步形成，这对马来西亚未来的宪政制度具有十分重要的意义。两线制的初步形成给了人民新的希望，让他们对国家民主的发展又有了新的信心，因此希望联盟的胜利具有里程碑意义。

两线制的初步形成也标志着马来西亚政治已经从威权向民主迈进。马来亚独立初期，巫统、马华公会和马来西亚印度人国大党组成的联盟党赢得了

大选，随着联盟党的执政，人民对国家的宪政安排越来越不满意，马来人不满华人的经济实力越来越强，而华人不满马来人在政治方面的特权，直到"5·13事件"的发生。随后新总理拉扎克为了凸显巫统的主导地位，削弱了其他政党的影响，又拉进了不同的政党组成了一个包含14个政党的国民阵线，从此一个一强多弱的政党联盟形成。一强多弱的国民阵线也是马来西亚威权统治的开端，由于巫统在国民阵线内部的绝对领导地位，权力越来越集中，其他政党的影响力越来越小。与此同时，随着《内安法》和《大专法令》的颁布实施，威权统治得到进一步发展，而到马哈蒂尔首次就任马来西亚总理时，他已将马来西亚的威权统治发展到了顶峰。尤其是1987年的巫统内部党争，巫统被联邦法院宣布为非法政党，马哈蒂尔随即重组新巫统，度过了政党内部危机，危机过后则进入马哈蒂尔领导的巫统高度威权统治时期，也确定了他的绝对主导权，在这一过程中，他集巫统党主席和国家总理于一身，如此显赫地位从未遇到过强有力对手的挑战，从而造就了他的铁腕风格。

但是在带领希望联盟重新执政前后，马哈蒂尔却已经或多或少地表现出促进国家民主化改革的想法。具体表现从希望联盟的竞选宣言里就能看到，竞选宣言第二部分第十二条承诺希望联盟执政后将会对总理实行任期制，总理最多连任两届，并且这一任期限制也将延伸到州务大臣和首席部长，同时总理不得兼任其他的部长职务，尤其是财政部部长。① 竞选宣言同时提出，将会在各个决策层将女性的比例提高到30%，充分发挥女性在国家建设中的作用。② 关于总理等领导人的任期制是民主化非常重要的特点，要知道马哈蒂尔是马来西亚在位时间最长的总理，总理任期制的实施将会增强马来西亚政坛未来的竞争性和流动性，同时也会避免形成长期的利益集团而造成腐败。马哈蒂尔曾经连续在位22年，他最清楚总理长期任职的缺陷，总理任期制的实施将是他引领马来西亚迈向民主的重要尝试。而对于妇女权益的重

---

① 希望联盟竞选宣言第二部分第十二条，第48页。
② 希望联盟竞选宣言，175页。

视则表现了希望联盟的民主化特点，这一点在人民公正党内部早有体现，要知道在以伊斯兰教为国教的国家，妇女的地位相对男子来说要低得多，而马来西亚提出的这一妇女从政比例，表明了希望联盟将从各个角度来促进民主发展的决心。

关于内阁的安排也凸显了这一变化。在国民阵线执政时期，内阁席位数主要由国会中各成员党的比例来决定，国会席位多的政党获得的内阁部长席位多，国会席位少的政党获得的内阁部长席位少，而且还常常是一些没有实权的位置，甚至还出现过如马华公会等主要政党"不入阁"的现象①，因此政府中重要的内阁部长席位大多由巫统议员担任，其他政党获得的内阁部长席位则少之又少。而此次希望联盟执政后与马来西亚之前的内阁安排有所不同，首先，总理人选并非联盟中获得国会席位最多的政党党首。此次希望联盟获得选票最多的政党是人民公正党，但是其党主席旺·阿兹莎并未担任总理，而是担任副总理，这在马来西亚历史上是第一次，同时，旺·阿兹莎也创造了马来西亚女性担任副总理的历史。总理由马哈蒂尔担任，他来自较小的政党土著团结党，该党在希望联盟内部的国会席位数排名第三，因此希望联盟的政府是弱党执政政府。其次，成员党无论大党小党均享有同等的地位，这也是希望联盟给马来西亚政治发展带来的新现象，在新内阁中各个政党的部长席位是大体相同的，并没有按照大选获得席位的多少进行按比例分配，反观国民阵线从初创开始就一直树立以巫统为主导、其他政党为附属者的形象，因此内阁部长席位也大多由巫统人员担任。而如今希望联盟内部的政党合作关系，虽然也在内部引发了一定的矛盾，人民公正党和民主行动党的党员对这样的内阁安排颇有微词，但是不可否认，这样的安排能够促进马来西亚威权政治的退化，是最能促进民主发展的方式。马来西亚如今形成了强人弱党执政的态势，这与以往威权政治中获得国会席位最多的政党主席当选总理的惯例相违背，也就避免了强者更强、弱者更弱局面的产生，防止了威权政治的进一步发展。

---

① 廖小健：《试论马来西亚华人政党的"不入阁"》，《东南亚研究》2013年第6期。

同时在笔者看来,马哈蒂尔再度当选总理也将主动促进马来西亚未来的民主发展。原因有以下两个。

第一,马哈蒂尔看到了威权政治下的马来西亚政治发展逐渐失控的现象。他于2003年主动退位之后,将副手巴达维推上总理的位置,虽然在2004年的大选中获得了全民的支持,但是在巴达维的治理下,并没有实现人民期盼的政治改革和国家发展,因此也造成了"3·8政治海啸",巴达维也在马哈蒂尔退党的压力下主动辞职。随后马哈蒂尔推举纳吉布上台,但是纳吉布执政之后并没有止住巫统和国民阵线的颓势,反而让国家逐渐陷入金钱政治,导致国家债台高筑、腐败横行。在这一情况下,马哈蒂尔本想通过对付巴达维的方式终结纳吉布的执政,但是不曾想遭到了纳吉布的强硬反击,纳吉布在面对一系列控诉和抗议时所展现的强硬手腕让马哈蒂尔意识到,在威权政治下马来西亚的政治发展正在逐渐走向不可控的状态,因此他这个马来西亚威权统治的集大成者有义务带领马来西亚走向民主,防止政治发展的失控导致国家发展的脱轨。

第二,马哈蒂尔如今年事已高,即使有威权统治的念头也有心无力,因此为了他的宪政安排理想,他将担当起为马来西亚探索民主之路的重任。试想如果此次担任的总理不是马哈蒂尔,而是年轻力壮的新人,根据国民阵线61年的执政示范效应,不排除他会设法延续以其为核心的威权统治。但是对如今的马哈蒂尔来说,执政最重要的目标应该是为马来西亚铺设民主的发展路径,因为他更大的目标是希望他的儿子慕克里兹能够有朝一日继承他的衣钵。马哈蒂尔最初与前任总理纳吉布产生隔阂,就是因为他希望纳吉布能够在以后帮助他的儿子慕克里兹成为总理,但是纳吉布并未提携他的儿子,反而有意提拔凯里等年轻人,并委以巫青团团长的重任。在马来西亚政坛有个不成文的规定,巫青团团长是总理有意培养的接班人,也因为这一事件,马哈蒂尔与纳吉布的关系逐渐疏远以致恶化。如今看来,马哈蒂尔想要实现他的儿子成为国家总理的目标,威权统治的尝试风险很大,民主的体制才是目标可能实现的方式。因此无论从主观还是从客观上来看,马来西亚正在经历着威权的退化和民主化的进步。

（三）政党政治新发展，民主化进一步巩固

按照传统的民主理论，在民主而规范的政党制度中，不应只有一个政党处于绝对支配地位，其他政党处于被支配地位，而是要有平等竞争和相互制衡的政党间关系。① 在国民阵线执政时，巫统作为占决定性地位的主要政党，使马来西亚政党制度的民主程度一直在较低的水平上发展。巫统虽然主导建立了国民阵线，并且囊括了华人政党、印度人政党，以及沙巴州和砂拉越州的地方性政党，体现了一个多元和包容的联盟，但是由于巫统的绝对优势地位，国民阵线内部的其他政党看起来更像是替巫统拉票的从属性政党。在马来西亚这样一个华人和印度人占有较高比例的社会中，这一政党发展状况与社会发展水平是不一致的。根据迪维尔热对政党发展过程的分类标准，巫统具有典型的群众型政党的特征，这类政党的特点是，其发展与自己所赖以产生的社会纵向分裂界限相一致，对吸引其他群体并没有很高的期望或有效的动作，这种与特定的种族、宗教和阶级有深厚联系的政党仅仅是特定种族、宗教和阶级的代言人，这就造成了政党间的对立和政治制度的不稳定。② 这类政党的成功，极其依赖其代表族群的忠诚，如果失去该群体的支持，那么很快将会面临失败。巫统从建立以来就树立了马来人就是巫统，巫统就是马来人的观点，因此其支持者基本是马来人，在马来人团结一致的情况下它能够保持自己的统治地位，但是在马来人内部出现分裂之后，由于缺少其他族群的支持，巫统很难保持稳固的执政地位。

根据基希海默尔的观点，按照政党发展的规律，全方位型政党是群众型政党在随着社会横向分裂后，为适应政治发展而演变成的更高级的政党类型，这一类型政党的特性是削弱或者放弃意识形态，争取多元化的利益组织的支持，强调领袖的质量，寻求超越阶级性等。在东亚地区，全方位型政党是促进地区民主化发展的主要政党形式，它强调的是以忠诚和"问题"为

---

① 李路曲：《政党政治与政党发展》，中央编译出版社，2016，第71页。
② 李路曲：《政党政治与政党发展》，中央编译出版社，2016，第72页。

指导，因为关注某一"问题"，除了获得自己忠实选民的支持，还更容易获得中间游离选民的支持，这样的政党在大选中比群众型政党更有优势，因此这一类型政党有时候又被看作职业选举型政党。这样的政党常常出现在横向社会分裂已经成型，并拥有一定中产阶级的国家，人民的经济和文化水平都得到了一定程度的提高，对民主化的诉求更加迫切，因此它更能促进民主化的发展，也更加吸引选民。就马来西亚来看，希望联盟的主要政党体现了全方位型政党的某些特点，以人民公正党来说，它的建立是从人民公正运动而起的，以为安瓦尔寻求公正为宗旨，政党提出的主旨问题是国家的改革，因此它是以"问题"作为政党的奋斗目标，虽然它还是一个马来人党员占多数的政党，但是已经不再强调族群性，所有为安瓦尔寻求公正、追求国家改革的群众都可以加入。马哈蒂尔领导的土著团结党，虽然也自称是马来人政党，但是它更多的是因为在强烈谴责前总理纳吉布的一马公司弊案，并通过多种尝试无法终结其执政之后，成立的以政治改革、重塑国家团结、惩治腐败为核心追求的政党，通过政治强人效应来吸引选票从而获得执政权。这些"问题"并不具备族群属性，无论是马来人、华人或者印度人都可能对安瓦尔产生同情，都会对政府的腐败产生憎恨，都有对国家进行政治改革的诉求，因此这也引起了人民的共鸣。即使如公认的华人政党民主行动党，也已经在多年前为了避免受到特定族群政党的抨击，转向接纳所有的族群成为其党员，并且该党的高层也有其他族群的人员担任相关职位。

综上所述，希望联盟的成功可以看作是具有进步政党特点的政党战胜落后政党的一种典型。相比之下，它更重视"问题"，弱化族群之间的分歧，加上对炒作种族问题的巫统的"审美疲劳"，选民更加关注以国家改革和重塑国家团结为主的问题，因此希望联盟能够获得胜利。这可以为马来西亚的政党发展提供一种范例，引导马来西亚政党向更加先进和稳定的政党类型发展。具有全方位型政党特点的希望联盟以贪腐、不公和改革这些"问题"为牵引，跨越了族群属性，加上政治强人的参与，获取执政权就成为一种必然。反观国民阵线，过于强调其族群属性，巫统并未意识到马来西亚的横向社会分裂，随着社会阶层的分化，人们越来越关心与自己阶层生活相关的事务。因此，希望联盟的获胜对马来西亚的政党政治发展产生了积极的影响，也为其发展提供了新的机遇，以"问题"为牵引的全方位型政党，比仅仅依靠特定族群忠诚的群众型政党更能赢得选民的支持。如果仍然炒作种族矛盾等问题，不注意扩大自己的代表性或者增强本党的"问题"属性，那么巫统重新获得执政权的机会就很小。

四　马来西亚政治发展的隐忧

希望联盟执政后，马来西亚进入新的发展时期，面对国内、国际的新形势，希望联盟执政下的马来西亚政治拥有良好的发展前景，但仍然面临较大的挑战，政治发展中的几个突出问题仍然存在一定的不确定性。

（一）权力的过渡和交接

马哈蒂尔在代表希望联盟竞选时提出，如果希望联盟执政，他只会当两年的总理，两年后总理的位置将让给安瓦尔。胜选之后，马哈蒂尔表示安瓦尔要想担任总理，首先必须是一名国会议员，其次，新的国家面临各种不稳定，他需要将政局稳定之后才能让出总理之位。安瓦尔在不同的场合也多次表示，不催促马哈蒂尔，也不急于担任总理。关于总理职位的问题在大选后的一段时间内在马来西亚国内掀起了热烈的讨论，但是最终马哈蒂尔并没有给出明确的时间表，因此这又给马来西亚的政治权力交接带来了不确定性。

关于马哈蒂尔和安瓦尔的关系以及权力交接问题，历史具有十分重要的参考价值。马哈蒂尔对安瓦尔有知遇之恩，安瓦尔作为学生运动的领袖，受到马哈蒂尔的赏识而加入巫统。在加入巫统之后，由于马哈蒂尔一路提携，安瓦尔很快升到了巫统副主席和马来西亚副总理的职位，在外界看来，安瓦尔就是马哈蒂尔钦定的接班人。安瓦尔也曾经亲切地称马哈蒂尔是自己政治上的导师，两者保持了十分要好的关系。就当外界十分看好安瓦尔的时候，亚洲金融危机爆发了，马来西亚经济受到了严重的影响。马哈蒂尔和安瓦尔从亲密无间走向反目成仇最主要的原因就是在应对金融危机时，安瓦尔倾向于接受国际货币基金组织的援助，而马哈蒂尔则坚决表示不受西方社会的绑架，主张自己走出危机，因此政见不同，两人逐渐生隙，最终马哈蒂尔将安瓦尔以鸡奸的罪名入狱。

2015年，马哈蒂尔出席了净选盟的运动，首次跟反对党联盟站在了一起，随后成立反对党——土著团结党，并宣布与其他主要反对党结盟，就在这一过程中，安瓦尔在狱中也多次提醒人民公正党要警惕马哈蒂尔的行为，对与土著团结党的合作也持保留态度。① 最终，他们为了推倒纳吉布的目标而重新握手言和，其中政治考量大于理念相合，也就是说，他们再次走到一起主要是考虑到政治上的联合，到底是貌合神离，还是貌合神合，大家也都无从得知，因此安瓦尔何时能够上台执政，马哈蒂尔将以什么样的形式让安瓦尔上台执政，这是不确定的问题。而且，安瓦尔当初与马哈蒂尔的矛盾，源头在于金融危机时亲西方的立场引起了马哈蒂尔的不满，那么20年后的今天，安瓦尔的政治立场是否有变化，他的那些西方名流朋友们对他的影响到底有多大，现在同样不可预判。

如今安瓦尔已经在无竞争对手的情况下当选了人民公正党主席，同时也已补选为国会议员，因此当安瓦尔具备了人民公正党实权领袖加国会议员的资格后，马哈蒂尔将于何时将总理职位让渡给安瓦尔呢？如果马哈蒂尔将总理之位过渡给安瓦尔，作为副总理的旺·阿兹莎又将何去何从？为了避免马来西亚的"国家政治"变成安瓦尔的"家庭政治"，旺·阿兹莎曾经表态，如果安瓦尔就任总理，自己将会辞去副总理一职。那么辞职后副总理的人选将会是另一个焦点。考虑到安瓦尔的年龄和身体状况，其在很大程度上也表示了希望联盟所期望培养的下一任总理人选，这在希望联盟内部将会是一场博弈。笔者认为，在副总理人选没有达成妥协和一致之前，马哈蒂尔不会让

---

① Mohd Azraie md Yusof Waspadadengan Dr. Mahathir – Wan Azizah, Utusan Online, 2016年5月17日, http：//www.utusan.com.my/berita/politik/waspada – dengan – dr – mahathir – wan – azizah – 1.327165.

位给安瓦尔，但是考虑到他年事已高，他的身体状况和政治态度也是马来西亚未来政治发展的不确定因素。

（二）安瓦尔的执政理念

假设马来西亚权力交接顺利，安瓦尔顺利执政，那么其执政理念和方式也具有一定的不确定性。从安瓦尔自身的发展历程来看，他在马来西亚政坛崭露头角主要是通过1970年在马来西亚各高校推广马来语的使用，随后他的立场逐渐向极端民族主义者方向转变，在1974年他还因为参与涉及华玲贫农游行示威运动而被当时的政府以《内安法》为由抓捕入狱。[①] 1982年，安瓦尔受到马哈蒂尔的赏识而加入巫统，极端民族主义立场逐渐收敛，但是仍然在其担任教育部部长时因为向所有华校派出不会华文的校长而在马来西亚华人群体内部引起轩然大波，这一企图在文化上同化华人的做法也遭到了华人的极大抗议。从历史上来看，安瓦尔更加倾向于保护马来人的利益，其职业生涯初期，一直大力推广马来语和伊斯兰教在马来西亚的地位。如果他成功当上国家的总理，那么对于马来人、马来语和伊斯兰教等主要问题，他的立场将会十分重要。如前文所述，随着政党政治的发展，基于马来西亚经济发展和社会横向分裂的现状，全方位型政党将更易于推动国家民主化的发展，它比基于社会纵向分裂的群众型政党更加具有先进性。但假如安瓦尔执政后，回归其倾向马来人的立场，那么将会导致马来西亚社会的纵向分裂继续加深，族群问题将会再度出现，政党政治和民主化发展可能会发生倒退。

马来西亚伊斯兰教党研究中心主任莫哈马德·朱迪博士在第十四届大选后发表文章指出，希望联盟的胜利主要来自马来人的分裂，而与此相比，华人却十分团结，大约有95%的华人将选票投给了希望联盟，不论候选人是来自什么族群，拥有什么样的宗教信仰，因此他也提出，既然华人能够团

---

① Hishamuddin Rais, Merakam Sejarah: Anwar Ibrahim, Malaysiakini, 2018年6月12日, https://www.malaysiakini.com/columns/431381.

结，为什么马来人不能团结呢？① 上文已经说到，马来西亚第十四届大选希望联盟取得胜利很大的原因就是马来人产生了分裂而华人却十分团结，因此国家新领导人很明白，要想巩固自己的政权就要尽力弥合马来人之间的鸿沟，促进马来人的团结，争取马来人的支持。而要想团结马来人，朱迪博士也指出，团结马来人最有效的方式就是在保持马来人特权的前提下，通过语言和宗教的方式，进一步提高马来语和伊斯兰教的地位，消除马来人之间的隔阂。而这一方式与安瓦尔当初的理念又惊人的相似，如果安瓦尔采用上述方式，通过团结马来人来巩固自己的执政，那么马来西亚的民主政治和族群关系都有发生倒退的风险。

回顾马来西亚的历史，促进国家的团结与促进马来人的团结，从传统的政治模式上来说是有些许冲突的。国家的纵向社会分裂大于横向社会分裂，人们对族群的意识大于阶级的意识，促进国家的团结意味着在各个族群之间寻找平衡，尊重各族的经济、政治和文化权利，这在很大程度上会让渡多数族群马来人的部分权利，那么在马来人之间将会产生分裂；而促进马来人团结的方法是通过提倡其特权，提高马来语和伊斯兰教的地位，这一立场反过来又会引起其他族群的不满，从而造成国家的不团结。因此，如果安瓦尔在掌权之后为了促进马来人的团结，忽略社会已经出现的横向分裂，不关注各阶层人民的诉求，重拾民族主义立场，重新提升马来语、马来人和伊斯兰教在马来西亚的地位，那么可能会促进马来人的团结并稳固其执政权，但是也必将使社会原有的纵向分裂继续加深，族群之间的隔阂再现，这会在马来西亚掀起一波新的不稳定浪潮。相反，如果安瓦尔放弃强调特定族群的利益，将关注重点放在已经横向分裂的广大人民之上，关注各个阶层的需求，那么国家的发展走向将会相反，但是可能受到马来民族主义者的批评，政治上也会受到马来人传统政党巫统和伊斯兰教党的挑战。而要想在两种政策取向之间找到一个平衡，这将极大地考验安

---

① "Mohd Zuhdi Jika Cina boleh bersatu, mengapa Melayu tidak?", Malaysiakini, 2018 - 7 - 24, https://m.malaysiakini.com/news/435730.

瓦尔的执政能力，因此他的政治理念对于未来马来西亚的政治和经济发展都十分重要。

（三）能否实现改革

1998年因为安瓦尔事件而爆发的"烈火莫熄"运动，到2018年希望联盟上台执政已经持续了整整20年，终于让马来西亚实现了政党轮替。"烈火莫熄"是马来语的英语借词Reformasi的音译词，意思是"改革"，由此可见马来西亚人民对改革的期盼。此次大选，如前所述，关注"问题"以及依靠各族群选民支持的希望联盟，在政治强人马哈蒂尔的领导下，最终获得了国家的执政权，这是反对党联盟的首次胜利，这也是全方位型政党的胜利。对于"问题"的关注，是他们获得选民支持的重要原因，特别是中间的游离选民，其中公正、贪腐和改革是希望联盟在竞选时紧紧抓住的主题。但是能够赢得大选与能够优秀执政是不同的，除了对上述问题的关注，民众更加关注希望联盟在执政过程中是否更加听取他们的诉求，解决他们的问题，是否推动国家的民主化进程。上述问题有的得到了解决，有的正在解决之中，安瓦尔已经得到了最高元首的完全赦免，马哈蒂尔领导的政府也完成了部分的改革，其中包括缩小内阁、提高各决策层女性比例、废除消费税等，展现了改革的决心。关于贪腐问题，前总理纳吉布在卸任之后，随即遭到调查，私人财产也遭到查封，接下来就是反贪污委员会对一马公司的彻查。

选前希望联盟所关注的问题，在上台执政之后都进行了一定程度的实施和解决，成绩虽然不是立竿见影，但是决心已经显示出来了，因此对于希望联盟的100日执政成绩，根据默迪卡数据中心的调查，民众满意度达到了67%，对马哈蒂尔的满意度也达到了71%。[1] 可见政府的上述行为，在一定程度上也得到了人民的支持，但需要注意的是，当上述问题逐渐得到解决，

---

[1] "Kajian：71 peratus puas hati Dr M sebagai PM，" Malaysiakini，2018年8月15日，https：//www.malaysiakini.com/news/439052.

或者说逐渐被采取措施之后，随着其他问题的逐渐消失，唯有改革这一问题能够成为希望联盟的标签，它是希望联盟区别于国民阵线的一个重要指标，如何继续抓住改革这个问题，将是马来西亚未来政党政治发展的重中之重，也是一个不确定点。正如马来西亚时事评论员哈斯米·哈希姆所说，改革是个未完成的故事，希望联盟中的绝大多数官员还需要一段时间来适应他们的权力和使命，从而向人民证明他们的选择。[1]

历史已经证明，具有一定群众性和代表性的全方位型政党才能在民主巩固过程中发挥重要作用，马来西亚政治一直被认为是民主欠发达的威权民主，因此要想推动民主发展，马来西亚政党应该向全方位型政党发展，这对族群政党已经根深蒂固的马来西亚来说，将是一个很大的挑战。而且，在向全方位型政党发展的过程中最主要的问题就是政党的族群化以及马来人优先的政策，这使独立以来马来西亚族群之间的隔阂越来越大，而这似乎也是无法解决的问题。关于马来人的特殊地位，谁也不敢也不愿意去触碰，在马来人掌握政治权力的情况下，这似乎也是无法解决的问题，但是在经济全球化的大背景下，如何利用华人在经济领域的实力，塑造一个超越各族群的马来西亚国族的认同，这对希望联盟来说将是一个难点。总的来说，对政党发展的改革和族群关系发展的改革，以及民主化发展的改革，将是马来西亚国家发展改革的重要指标，在未来的一段时间里也存在较大的不确定性。

五　结语

在希望联盟执政下的马来西亚体现出新的政治气象，随着国民阵线的下台，马来西亚的政治改革也正式拉开了帷幕，恐吓政治和威权政治将在多大程度上转化为民主政治，还有待时间的检验，但是希望联盟所破除的国民阵

---

[1] "Hasmi Hashim, Reformasi dan cerita yang belum selesai," Malaysiakini, 2018 年 9 月 20 日，https：//www.malaysiakini.com/news/443879.

线执政时期的积弊,将会在一定程度上促进国家的民主化发展。不可否认,如今马来西亚社会的横向分裂和纵向分裂已经造成了社会的碎片化,各族群之间的隔阂依然存在,同时马来人也产生了新的分裂,因此未来在希望联盟领导下的马来西亚政治发展的主要目标将会是:在保证政权稳固的前提之下,促进国家的团结和民族的和睦。未来马来西亚政治将会经历一段不稳定的发展时期,希望联盟内部可能会面临新的利益分配问题和政治博弈,反对党巫统和伊斯兰教党也将会对其执政带来极大的挑战和考验,各联盟间的持续竞争也会给马来西亚的未来政治发展带来一定的不确定性。

永远的替代者：旺·阿兹莎的从政之路分析

范若兰*

摘　要： 旺·阿兹莎是马来西亚人民公正党领袖，也是马来西亚第一位女性反对党联盟领袖和第一位女性副总理。她被视为政治替代者，因为丈夫安瓦尔被捕而步入政坛，此后多次代夫出征。本文通过梳理旺·阿兹莎的政治生涯，分析其从政之路的优势和劣势，指出其从政的优势是拥有道德资本，善于运用贤妻良母身份，以及团结反对党，劣势则是被指为安瓦尔的傀儡。"政治替代者"身份深刻影响到旺·阿兹莎的从政路径和所能到达的高度。

关键词： 旺·阿兹莎　女性政治领袖　马来西亚

旺·阿兹莎（Wan Azizah Ismail）是马来西亚人民公正党领袖，她创造了马来西亚政治史上的几个第一：马来西亚任期最长的女性政党领袖、第一位女性反对党联盟领袖、第一位女性副总理。她被视为东南亚日益增多的众多女性政治领袖中的一位，这些女性领袖都被归入"政治替代者"类型，[①]

---

* 范若兰，女，中山大学国际关系学院教授、博士生导师。

① Francine D'Amico 将女性政治领袖分为三种类型：(1) 政治替代者（political surrogates），指"因生病的、亡故的或为政治而牺牲的亲属而掌握权力的人"。(2) 政治的局内人或向上攀登者（political insider or climber），指经由政党或地方政治渠道当选和掌握最高权力的人，简称党内攀登者；(3) 政治的外来者或活动家（political outsider or activists），是指通过基层活动而参与政治的人。Francine D'Amico, "Women National Leaders," in Francine D'Amico and Peter R. Beckman (eds.), *Women in World Politics: An Introduction*, Westport, CT: Bergin & Garvey, 1995, p.22.

因为父兄或丈夫的去世或被囚禁而走上政治舞台，因为追求民主、行为廉洁、团结能力而受到反对派和民众的拥戴，成为政党领袖、总统、总理，走向权力顶峰，如菲律宾前总统阿基诺夫人和阿罗约夫人、印度尼西亚前总统梅加瓦蒂、泰国前总理英拉、缅甸国务资政昂山素季等。但旺·阿兹莎与她们不同的是：（1）旺·阿兹莎的替代对象——她的丈夫安瓦尔尚在人世，并积极参与政治，旺·阿兹莎只是在他入狱期间，替夫出征，竞选议员、出任人民公正党领袖和反对党联盟领袖，一旦丈夫出狱能够参加选举，旺·阿兹莎立即让位，辞去国会议员和反对党联盟领袖职位，让丈夫"上位"；（2）即使安瓦尔在狱中，他也被视为人民公正党的实际领袖，为人民公正党出谋划策，而党主席旺·阿兹莎只是执行者；（3）旺·阿兹莎担任的最高职务是马来西亚副总理，未能如其他东南亚女性领袖一样出任政府一把手。

因为替代对象的"在场"，旺·阿兹莎被视为一个标准的"替代者"，甚至是一个"傀儡"。那么，旺·阿兹莎作为一个"替代者"，她有自己的理念和从政能力吗？目前国内学界对旺·阿兹莎只有一篇介绍性文章[1]，国外学界的研究也很少，只有一本旺·阿兹莎的个人传记《为公正奋斗：马来西亚旺·阿兹莎的故事》[2]，该书2005年出版，只对旺·阿兹莎的早期政治经历有所描述，且多为人民公正党的宣传，并不是客观的学术研究。另有一篇论文《烈火莫熄与抑制：旺·阿兹莎》，[3] 讨论旺·阿兹莎身为政治替代者和担任反对党领袖的作为，但这篇论文只写了旺·阿兹莎2012年以前的政治活动。

本文主要利用旺·阿兹莎的讲演、专访及新闻报道，梳理旺·阿兹莎的从政之路，探讨她的政治理念和实践，分析她作为政治替代者的优势和劣势。

---

[1] 范若兰：《旺·阿兹莎，教母还是政治领袖？》，《世界知识》2018年第12期。
[2] Hiroko Iwami Malott, *Struggle for Justice：The Story of Dr. Wan Azizah Wan Ismail of Malaysia*, Kuala Lumpur：IUniverse, 2005.
[3] Claudia Derichs, "Reformasi and Repression：Wan Azizah Wan Ismmail," in Claudia Derichs & Mark R. Thompson (eds.), *Dynasties and Female Political Leaders in Asia：Gender, Power and Pedigree*, Berlin：Lit Verlag Dr. W. Hopf, 2013, pp. 291-320.

一 代夫出征：旺·阿兹莎的从政之路

旺·阿兹莎出生于1952年，是家中五个孩子中的老二，父母都在英国的大学攻读过心理学并担任马来西亚卫生部的高级官员。她的小学和中学就读于圣尼可拉斯修院学校，其后进入芙蓉东姑古昔亚学院就读先修班，之后考入马来西亚大学，但旺·阿兹莎只在马来西亚大学学习了3个月，之后她进入爱尔兰皇家外科医学院深造。1978年毕业回国在吉隆坡中央医院实习，后成为眼科医生。1980年她与热衷于政治活动的安瓦尔结婚，先后生育了6个孩子，她从不参与政治活动，只满足于当好眼科医生和贤妻良母。[①] 1993年安瓦尔成为马来西亚副总理，为了配合安瓦尔的职位，她不得不辞去眼科医生的工作，一心当好贤内助。但1998年安瓦尔被解职，随后被捕，这打破了旺·阿兹莎平静的生活，她为狱中的丈夫奔走，参与"烈火莫熄"运动，组建国民公正党并担任党主席，最终走上政治舞台。

（一）"烈火莫熄"运动与旺·阿兹莎步入政坛

1997年爆发的亚洲金融危机引发了马来西亚的"烈火莫熄"运动。金融危机首先从泰国开始，很快波及马来西亚，导致股市暴跌，马来西亚货币林吉特大幅贬值，恶化了企业经营和贸易条件，同时，银行陷入危机，不少银行破产或面临破产。金融危机不仅引发了马来西亚的经济衰退，也引发了马来西亚的政治危机。时任马来西亚总理马哈蒂尔与副总理兼财政部部长安瓦尔之间矛盾激化，并最终导致后者下台。

马哈蒂尔与安瓦尔在如何复苏经济上存在政策和策略分歧。马哈蒂尔认为外因是金融危机的主要原因，主张加强行政干预，加大基础设施建设以带动经济复苏。而安瓦尔认为马来西亚经济发展存在问题，不能只归咎于外因，他主张接受国际货币基金组织的建议，采取经济紧缩措施，包括减少财

---

① 《旺·阿兹莎风雨不悔》，〔马〕《光明日报》2011年5月29日。

政支出，停建缓建基础设施建设项目，实施银行加息等。因此，两人的经济主张在许多时候是对立的，如安瓦尔主张银行加息，马哈蒂尔认为应降息；安瓦尔认为应停建大部分基础设施建设项目，马哈蒂尔却认为应扩大基础设施建设项目来拉动经济。① 马哈蒂尔强势实行自己的经济主张，这需要大量资金扩大基础设施建设，刺激经济，但马来西亚拒绝接受国际货币基金组织的援助，在国内采取了一系列财政措施，如降低银行利率和准备金率、外汇资金管制、停止股市交易、实行固定汇率等，可是安瓦尔不支持这些激进措施。

马哈蒂尔与安瓦尔的政治斗争日益激烈。马哈蒂尔只致力于复苏经济，既不愿进行政治改革，也不愿像原来计划的那样在1999年交出权力，由安瓦尔接班。如此，马哈蒂尔与接班人安瓦尔的关系由原来的"亲如父子"，到后来日益恶化，马哈蒂尔怀疑安瓦尔要"抢班夺权"。于是，在经济政策分歧和政治斗争恶化之下，1998年9月2日安瓦尔被突然革除副总理和财政部部长职务，第二天被撤销马来西亚巫统署理主席职位，并被开除出巫统。9月21日安瓦尔被捕，9月29日被控上法庭，罪名主要是贪污和鸡奸，包括5项贪污罪，5项鸡奸罪。

安瓦尔的被捕对旺·阿兹莎来说是晴天霹雳，她永远记得这一天，"我清楚记得1998年9月21日，安瓦尔被捕这一天，当时我快崩溃了。这是最艰难的日子，突然间我丈夫被当成恐怖分子对待。那些人冲进来，就这样把他带走了，我听到所有针对他的指控，说他贪污、渎职，甚至……跟性有关的东西……"② 她陷入艰难的处境，一方面要到处奔走，为丈夫寻求公道；另一方面要照顾6个孩子，尽量使他们不受伤害。

安瓦尔事件引发了"烈火莫熄"（Reformasi，即改革）运动，也称为政治改革运动（以下简称政改运动）。安瓦尔是政改运动的发起者。安瓦尔在被罢免的第二天就召开记者会，否认对他的一切指控，宣称"我国需要改

---

① 廖小健：《世纪之交的马来西亚》，世界知识出版社，2002，第108~109页。
② 《专访阿兹莎：10年奇异旅程——从平凡妻子到国会反对党领袖》，〔马〕《星洲日报》2008年4月23日。

革，使马来西亚有更大的民主和透明度，确保我国今后的民主能茁壮成长"①。他随后在全马各地向支持者演讲，为自己辩护，进行抗争，呼吁政治改革，1998年9月12日他发表《七点宣言》，系统阐述了他的政改主张：法律公正，每个人应禁止被剥削、羞辱或囚禁；社会公正，倡廉反贪；推动民主，人民主权；经济公正，反对贫富分化；文化包容，接受一切优质外来文化。② 宣言的主题是民主和公正，这成为指导政改运动的纲领，为后来蓬勃发展的政改运动奠定了最初的基础。

1998年12月，旺·阿兹莎建立非政府组织"社会公正运动组织"（以下简称公正运动），宗旨是争取社会公正、民主和人权。1999年4月4日旺·阿兹莎成立国民公正党，并担任主席，她是马来西亚第二位女性政党领袖，③ 也是东南亚民主化浪潮中涌现的又一位女性领袖，由此正式步入政治舞台。国民公正党的宗旨是争取社会公正，要求释放安瓦尔是该党重要目标之一，也是追求公正的一部分。而安瓦尔是国民公正党的精神领袖，遥控该党的活动，旺·阿兹莎则是安瓦尔的喉舌，代替他进行政治活动，并使公众保持对他的记忆。

（二）当选议员与成为反对党联盟领袖

乘着政改运动的东风，1999年10月国民公正党与马来西亚其他反对党（民主行动党、伊斯兰教党和人民党）组成替代阵线（Barisan Alternatif, BA），并发表竞选宣言《迈向公正的马来西亚》，提出公正、正义、反贪污、废除内安法、降低贫困率、保障各族群学习母语的权利等主张。旺·阿兹莎参加1999年国会选举，在安瓦尔过去的选区峇东埔参选，以23820张选票大胜，此次大选国民公正党共赢得5个国会议席。

---

① 《安华将周游全马鼓吹政改》，〔新〕《星洲早报》1998年9月5日。
② 《昨回槟城家乡向万人演说 安华指马哈迪垄断一切》，〔新〕《星洲日报》1998年9月13日。
③ 马来西亚第一位女性政党主席是印度人Ganga Nayar，她创立马来西亚工人党并担任主席，但该党存在时间很短。

安瓦尔2003年8月3日出狱,同日马来西亚人民党和国民公正党合并,称为人民公正党,旺·阿兹莎任党主席,安瓦尔仍被禁止参与选举和担任社团领导,但他是人民公正党的实权领袖,为该党出谋划策。但在2004年的马来西亚大选中,执政联盟国民阵线因新总理巴达维的"新气象"而大胜,人民公正党遭遇重大挫折,只赢得1个国会议席,即旺·阿兹莎以590票微弱多数蝉联峇东埔国会选区议员,她在国会的意义几乎只是为了证明人民公正党的存在,以及等待安瓦尔重返政坛。正如她自己所说:"我是公正党唯一的国会议员,我在国会,至少证明公正党还存在。"① 人们担忧这个新政党未来的命运,许多人认为该党已"名存实亡",随着"安瓦尔效应"的消失,旺·阿兹莎只是靠同情票才能险胜。② 随后几年,安瓦尔仍处于被社团注册法令禁止竞选政党职位的时期,旺·阿兹莎一直担任人民公正党主席。

2008年3月8日马来西亚举行第十二届大选,安瓦尔仍处于禁选期内,旺·阿兹莎第三度竞争峇东埔区国会议席,顺利以13388张多数票击败巫统候选人。这次大选执政联盟国民阵线惨胜,仅夺得140个国会议席,国民阵线第一次失去控制议会2/3议席的能力。反对党夺得82个国会议席,这是马来西亚有史以来反对党获得的最好成绩,三个主要反对党都表现出色,人民公正党赢得31个国会议席,成为国会中第一大反对党,民主行动党赢得26个国会议席,伊斯兰教党赢得23个国会议席。在州政权上,反对党夺得吉兰丹州、吉打州、霹雳州、雪兰莪州和槟榔屿州的执政权,其中伊斯兰教党夺得吉兰丹州和吉打州的执政权,民主行动党夺得槟榔屿州,霹雳州和雪兰莪州则由三个反对党联合执政。这次大选被称为一次政治"大海啸",国民阵线的惨胜和反对党的崛起,标志着国民阵线在议会一言堂的局面被扭转,评论家普遍认为这有利于两党制的形成,有利于马来西亚政治民主化。③

---

① 《专访阿兹莎:10年奇异旅程——从平凡妻子到国会反对党领袖》,〔马〕《星洲日报》2008年4月23日。
② 詹运豪:《历史的终结?回到80年代》,〔马〕《南洋商报》2004年3月24日。
③ 范若兰等:《伊斯兰教与东南亚现代化进程》,中国社会科学出版社,2009,第255页。

人民公正党一跃成为马来西亚国会中的最大反对党。2018年3月19日民主行动党和伊斯兰教党发表声明，一致推举旺·阿兹莎为国会反对党联盟领袖，直到安瓦尔恢复参政权为止。①旺·阿兹莎成为马来西亚有史以来第一位女性国会反对党联盟领袖。她在接受专访时说："这是一个挑战，我很高兴能够成为大马历史上，第一位女性国会在野党领袖，我把它看成是大马女性的成就。"②

在安瓦尔的斡旋下，马来西亚三个反对党——民主行动党、伊斯兰教党和人民公正党于2008年4月1日组成"人民联盟"，以进一步推动两线制，推翻国民阵线的政权。

（三）辞任议员与重新代夫出征

旺·阿兹莎的国会反对党联盟领袖职位只是过渡性质的，任期不长。2008年4月14日安瓦尔的禁选令解除，他可以合法参与选举。7月31日旺·阿兹莎宣布辞任议员，以制造补选机会，让安瓦尔竞选议员，为反对党夺取政权铺路。8月26日安瓦尔在峇东埔选区补选胜利，成为国会议员，28日接任旺·阿兹莎的国会反对党联盟领袖职位，正式启动"916变天计划"，期望拉拢足够多的国民阵线议员跳槽到人民联盟，让人民联盟执政，安瓦尔担任总理，可惜计划未能成功。旺·阿兹莎虽然辞去议员职位，但并未辞去人民公正党主席职位，安瓦尔与旺·阿兹莎形成了"男主外女主内"的模式，丈夫负责人民联盟，妻子专注人民公正党。③

但安瓦尔的反对党联盟领袖政治生涯始终伴随着鸡奸罪的指控。2008年安瓦尔被助理指控遭其鸡奸，安瓦尔否认指控，认为这是当局迫害他的又一个政治游戏，大部分马来西亚民众也不相信，认为这一指控有政治动机。

---

① 《推荐旺阿兹莎任在野党联盟领袖　三党：直到安华恢复参政权》，〔马〕《当今大马》2008年3月19日，https：//www.malaysiakini.com/news/80078。
② 《专访阿兹莎：10年奇异旅程——从平凡妻子到国会反对党领袖》，〔马〕《星洲日报》2008年4月23日。
③ 《政坛夫妻分工"男主外女主内"　安华专注民联，妻续掌公正党》，〔马〕《当今大马》，https：//www.malaysiakini.com/news/93805。

2010年2月该案开始审理，2012年马来西亚高等法庭判决安瓦尔鸡奸罪名不成立，但2014年3月马来西亚上诉法庭推翻高等法庭的判决，裁定安瓦尔鸡奸罪名成立，监禁5年。①

安瓦尔是反对党联盟的核心人物，在民众中拥有巨大的号召力，对国民阵线造成极大挑战，因此当局用鸡奸案来抹黑安瓦尔，中止其政治生涯。鉴于鸡奸案对安瓦尔政治生命的威胁，旺·阿兹莎一直担任人民公正党主席职位，随时做好接替他的准备，这一时期她在政治舞台上的活跃度与安瓦尔的鸡奸罪判决紧密相连。2011年5月11日法庭宣布安瓦尔鸡奸控罪立案，已淡出政坛的旺·阿兹莎表示愿意重新进入政坛，"继续推动马来西亚政治改革，如果需要我出力，我肯定会这么做，因为我多年前就已经这么做了"②。2012年1月高等法庭判决安瓦尔的鸡奸罪名不成立，此后一段时间，旺·阿兹莎减少了露面的次数，也很少发表文告，只是专注于党务工作。

2013年5月马来西亚第十三届大选，人民联盟的目标是打败国民阵线，上台执政，实现政权轮替。大选结果，执政联盟国民阵线获得国会133个议席，虽然保住了执政权，但没有实现取得2/3议席的目标，所得议席比上届大选还少了7席，只能称得上是惨胜。人民联盟获得89个议席，其中民主行动党最为辉煌，获得38个国会议席、95个州议席，人民公正党获得30个国会议席，伊斯兰教党获得21个国会议席。③ 人民联盟保住了雪兰莪州、槟榔屿州和吉兰丹州的执政权，但身为人民公正党主席的旺·阿兹莎并没有参加第十三届国会议员的角逐，而是全力支持丈夫和女儿参选。

2014年1月雪兰莪州加影区议员辞职，以便由安瓦尔补选州议员，进而出任雪兰莪州务大臣。外界纷纷认为安瓦尔要取代妻子担任人民公正党主席，这样一来他就能够拥有人民公正党主席、雪兰莪州务大臣、国会议员、反对

---

① 《安华鸡奸罪成 失去加影补选资格》，〔新〕《联合早报》2014年3月8日。
② 《安华若入狱 旺阿兹莎愿重新活跃政坛》，〔新〕《联合早报》2011年8月7日。
③ 《国民阵线以简单多数议席执政 巫统大胜独大 马华民政惨败》，〔新〕《联合早报》2013年5月7日。

党联盟领袖四重身份，为他最终担任马来西亚总理奠定基础。但2014年3月马来西亚上诉法庭推翻高等法庭判决，裁决安瓦尔鸡奸罪成立，监禁5年，10月28日安瓦尔上诉失败，将于2015年2月入狱。这使安瓦尔丧失了加影区议员补选和槟榔屿州峇东埔国会议员资格，并将让他错失第十四届大选。

丈夫的不幸遭遇重新焕发了旺·阿兹莎的政治生命，她重披战袍，再次代夫出征。2014年3月旺·阿兹莎与马华公会副总会长周美芬竞争雪兰莪州加影区议员，最终，旺·阿兹莎以4000多张多数票赢得胜利。① 2015年年初因安瓦尔入狱而要进行峇东埔国会议员补选，旺·阿兹莎代夫出征，第四次参与竞选这一国会议席，并获胜。

2015年5月18日，旺·阿兹莎被反对党推举为国会中的反对党联盟领袖，这是她第二次出任反对党联盟领袖。

（四）担任希望联盟主席与女性副总理

由于伊斯兰教党重新谋求实行伊斯兰刑事法并遭到民主行动党的激烈反对，人民联盟解体。从伊斯兰教党分裂出来的开明派组成国家诚信党。2016年1月，民主行动党、人民公正党和国家诚信党正式组成新的联盟——希望联盟，旺·阿兹莎仍为新联盟的领袖。2017年马哈蒂尔领导的土著团结党为了推翻国民阵线的共同目标，加入希望联盟。但由谁来出任希望联盟主席，成为争议的焦点。最终，各方达成协议：由安瓦尔担任希望联盟的"共同领袖"，旺·阿兹莎担任希望联盟主席，马哈蒂尔担任希望联盟总主席。为了迎接马来西亚第十四届大选，2018年1月希望联盟各政党达成共识，一旦获得执政权，将由马哈蒂尔担任总理，旺·阿兹莎担任副总理，2年后由安瓦尔接任总理职务。

2018年5月9日马来西亚第十四届大选投票，执政60多年的国民阵线出人意料地落败，只获得79个国会议席，而希望联盟获得113个国会议席，获得执政权，马来西亚首次实现了政权轮替。前总理马哈蒂尔以92岁高龄

---

① 《旺阿兹莎加影补选胜出》，〔新〕《联合早报》2014年3月24日。

再次出任总理，旺·阿兹莎担任副总理，同时兼任妇女、家庭及社会发展部部长，这是马来西亚有史以来的第一位女性副总理。

旺·阿兹莎能在副总理位置上坐多久？这取决于她的丈夫安瓦尔的政治安排。按照之前希望联盟的协议，安瓦尔将在2年后接任马哈蒂尔，出任总理一职。希望联盟获胜后，立即请求元首释放安瓦尔，并恢复他的政治权利。安瓦尔重返政坛，开始为他2年后接班总理做准备。2018年10月安瓦尔通过补选，重新成为国会议员，一个月后，人民公正党进行党选，安瓦尔取代旺·阿兹莎成为党主席，担任了多年人民公正党主席的旺·阿兹莎毫不犹豫地立即交棒。2020年2月，马哈蒂尔辞去总理一职，内阁解散，旺·阿兹莎的副总理一职也随之解除。

二 旺·阿兹莎的执政表现

旺·阿兹莎的从政之路与安瓦尔如影相随，她是他的替代者，要么安居幕后，要么代夫出征。那么，作为一个政党领袖和女性政治家，她的执政表现如何？

2018年希望联盟大选获胜上台执政。旺·阿兹莎身为副总理兼妇女、家庭及社会发展部部长，她的执政表现如何呢？

旺·阿兹莎关注反贪污和新政府的廉政建设。她宣布，所有正、副部长和国会议员必须公开申报财产以示廉洁，这是马来西亚首次要求正、副部长和国会议员公开申报财产。[①] 2018年12月旺·阿兹莎在"团结对抗贪腐"论坛上发表讲话，指出马来西亚的贪腐问题非常严重，2017年造成470亿林吉特的损失，相当于国内生产总值（GDP）的4%。这笔钱本可以用于修建坑坑洼洼的道路，舒缓政府医院人潮或提供奖学金让合格学生深造，也可以用这笔钱改善人民的福祉。她强调新政府需要更长的时间解决许多政府机

---

① 《旺阿兹莎：遵守希盟竞选宣言 部长议员须呈报财产以示廉洁》，〔新〕《联合早报》2018年5月25日。

构存在的贪腐问题。①

旺·阿兹莎对于马来族群利益的态度是中庸的。2019年1月民调显示，近55%的马来人不满意希望联盟政府的表现。对此旺·阿兹莎认为，希望联盟必须关注马来人的不满，但政府制定政策时一定要在"民粹主义"和"国家需要"之间找到平衡。②

旺·阿兹莎身为妇女、家庭及社会发展部部长，落实维护妇女权益政策是她的职责所在。她落实了家庭主妇公积金计划，这也是希望联盟政府的百日承诺之一。但总的来看，妇女权益政策进展缓慢。如童婚问题，马来西亚存在童婚现象，按照伊斯兰教教规，女子9岁就可以结婚，马来西亚非穆斯林婚姻法、各州伊斯兰婚姻家庭法大多规定女子最低婚龄为16~18岁，有的州规定16岁以下女子的婚姻需要获得伊斯兰法庭法官的批准，如《2002年吉兰丹州伊斯兰家庭法令》规定，只有获得伊斯兰法庭法官批准，16岁以下的女子才可以结婚。马来西亚妇女组织和儿童权益组织都反对童婚，要求修改法律，将女子最低婚龄一律定为18岁。还主张在联邦法律中，将童婚列为刑事罪，如此，任何州属都不能使用自己的伊斯兰法律允许穆斯林进行童婚。2018年希望联盟政府上台后，马来西亚接连发生几起童婚事件，先是一个11岁泰国女孩嫁给一个吉兰丹州马来人，后是一个15岁吉兰丹州女孩，嫁给一个44岁的男子。童婚事件对身为副总理兼妇女、家庭及社会发展部部长的旺·阿兹莎构成挑战。她先是表明政府会全面看待这宗案件是否有剥削儿童、儿童色情和恋童癖的因素，未来也寻求通过法律途径把少女的最低结婚年龄提高到18岁。③ 后来她又表示，联邦政府无权废止这种童婚案，因为吉兰丹州伊斯兰家庭法令允许童婚。

至2019年8月希望联盟政府执政不到一年，评价旺·阿兹莎的执政表

---

① 《旺阿兹莎：相当于GDP 4% 马国因贪腐去年损失470亿令吉》，〔新〕《联合早报》2018年12月18日。
② 《副揆关注巫裔不满，惟施政不仅考量民粹》，https：//www.malaysiakini.com/news/462504。
③ 《童婚之外：谈儿童概念与社会变迁》，〔马〕《当今大马》2018年8月18日，https：//www.malaysiakini.com/columns/438314。

现似乎还为时太早。一般民众对她还比较满意。2018年8月默迪卡民调中心公布的民调显示，副总理旺·阿兹莎是最受认同的内阁部长之一，受访者对她的满意度为79%。①但妇女组织对她并不满意，认为旺·阿兹莎囿于伊斯兰教，没有对童婚事件持强硬立场。

对外界对旺·阿兹莎施政能力的质疑，安瓦尔替她辩解，说旺·阿兹莎长期担任人民公正党主席，现在又凭自身能力担任副总理，她有这个实力和能力，"她在我被监禁时领导党，这意味她必须处理一切事务和自行决定，因为她其实很少见到我。就算有，也有警卫在场，她无法（跟我）讨论任何实质要务，她必须自行处理"②。实际上，身为副总理的旺·阿兹莎似乎存在感不强，重大问题都是由马哈蒂尔决定，没有官职的安瓦尔也发挥了重要作用，如马哈蒂尔任命资深律师汤米·汤姆斯担任总检察长，但最高元首担心非穆斯林不能维护马来人利益，不认可此人。经过安瓦尔的说服，最终最高元首同意这一任命。媒体评价，是马哈蒂尔和安瓦尔"刚柔并济"处理这一问题，完全没有旺·阿兹莎什么事。③

三 旺·阿兹莎从政的优势与劣势

从旺·阿兹莎的从政之路和执政表现来看，她是一个标准的政治替代者，她所做的一切，似乎都是围绕安瓦尔进行的。那么，作为一个政治替代者，旺·阿兹莎从政的优势与劣势是什么？对马来西亚女性参政有何影响呢？

（一）旺·阿兹莎从政之路的优势

1. 旺·阿兹莎最大的优势是她拥有道德资本

旺·阿兹莎登上政坛，就是以安瓦尔的代替者身份出现的，安瓦尔被

---

① 《旺阿兹莎乃最受认同部长，冠英马智礼评价不一》，〔马〕《当今大马》2018年8月15日，https://www.malaysiakini.com/news/439049。
② 《驳斥"政治家族王朝"安华称任首相后 夫人将辞官女儿不入阁》，〔新〕《联合早报》2018年5月19日。
③ 《马哈迪安华"刚柔并济"处理与王室关系》，〔新〕《联合早报》2018年6月9日。

视为追求民主和公正的象征。许多人过去并不是安瓦尔的支持者，但是安瓦尔的被捕，他与马哈蒂尔的斗争，他所遭受的虐待，使人们不再在意他曾经是体制内的一员，安瓦尔成为不公正的受害者，"安瓦尔宁可面对逆境，也不愿以逃避的方式，安享财多望重之余生的壮举，让他赎回了自己。安瓦尔已经付出远逾其罪行的赎罪代价。……安瓦尔更是反抗精神的化身"①。旺·阿兹莎作为安瓦尔的替代者，也拥有了民主、公正的光环，她的支持者认为，旺·阿兹莎为了民主、公正付出了家庭的幸福和生活的安逸，"如果斗争能换来民主自由，对她而言，牺牲不算什么"②。民众将对安瓦尔的支持转移到她身上，使没有政治经验的旺·阿兹莎成为人民公正党主席，当选国会议员。

旺·阿兹莎的质朴、廉洁形象，也是她拥有的道德资本。旺·阿兹莎过去是眼科医生，成为副总理夫人后一直是家庭主妇，朴素无华，为人低调。从政之后，她仍然保持着朴素、廉洁的形象，没有贪腐传闻。她自己一再表白："我从心底希望自己可以当一个好人，尽我可能地做到最好，我认为做人要谦卑，不要忘记我们来自何处，当我们掌权时，不要忘记不幸的一群人，我常这样鞭策自己。"③

2. 旺·阿兹莎的贤妻良母形象也是她从政的一大优势

即使担任了人民公正党主席和反对党联盟领袖，旺·阿兹莎自我定位的排序仍然是："我首先是一位母亲，其次是妻子，第三是公民。作为一名公民，我关心我的国家。"④ 将母亲和妻子身份摆在优先位置。作为母亲，她是关爱和坚强的母亲，面对安瓦尔被捕和家庭剧变，她要呵护孩子，当一个

---

① Petra Kamarudin, *When Time Stood Still*, 2000, pp. 94 - 95. 转引自〔马〕邱武德《超越马哈迪：大马政治及其不平之鸣》，王国璋、孙和声、黄进发、陈文煌合译，吉隆坡：燧人氏事业有限公司，2004，第102页。
② 《获孙子上台献花不禁掉泪 阿兹莎：我是奶奶又如何?》，〔马〕《当今大马》2015年5月6日，https://www.malaysiakini.com/news/297402。
③ 《专访阿兹莎：10年奇异旅程·从平凡妻子到国会反对党领袖》，〔马〕《星洲日报》2008年4月23日。
④ Claudia Derichs & Mark R. Thompson (eds.), *Dynasties and Female Political Leaders in Asia: Gender, Power and Pedigree*, Berlin: Lit Verlag Dr. W. Hopf, 2013, p. 316.

坚强的母亲："这个家已经少了一家之主，面对人生刮起的狂风、下起的暴雨，孩子们更需要妈妈强而有力的臂弯，撑起一支坚不可摧的雨伞，为孩子遮风挡雨。"① 作为妻子，她是忠贞的贤妻，一方面，面对安瓦尔所受的指控，她不是猜忌，而是坚信丈夫，"我与他同居在一个屋檐下，拥有共同的生活、共同的孩子，我们无时无刻不一起分享彼此的人生价值观"，她相信他的为人，"他是一个很有爱心的丈夫与父亲。"② 另一方面，她强调"安瓦尔是一家之主，通常都会由他作决定；至于在我管辖的范围内，孩子们必须听取我的意见……碰上重大事件，夫妻俩都会经过一番讨论，才由安瓦尔作最终决定"③。这种贤妻良母的形象符合人们对女性角色的认知，尤其是对穆斯林女性角色的认知。民主行动党的郭素沁就认为，旺·阿兹莎走上政治舞台是被动的，她的眼泪、她的悲情，能吸引马来妇女，也吸引了很多普罗大众对她的党的支持，她的母亲和妻子形象也是马来妇女所欣赏的。一直到现在，都没有对旺·阿兹莎丑化攻击的事情发生，她还保持着那种圣人的形象。④

实际上，旺·阿兹莎在强调自己作为母亲和妻子身份的同时，已经策略性地将安瓦尔作为父亲、丈夫、受害者、民主斗士的形象捆绑在一起。人民公正党的目标之一是营救安瓦尔，2014年安瓦尔又被判有罪，人民公正党发动第二次政改运动，核心目标仍是营救安瓦尔，并将其定性为追求"公正"。旺·阿兹莎在为安瓦尔的身体和安危担忧的同时，也强调："我觉得身为公正党主席、反对党领袖，我有责任站出来对抗这种不公和不义。"⑤ 2015年安瓦尔再次入狱，人民公正党发起"安瓦尔你好吗？"运动，希望这场运动能提醒马来西亚人民，不要忘记监狱中还有一名政治斗士在受苦。⑥ 旺·

---

① 《旺阿兹莎：风雨不悔》，〔马〕《光明日报》2011年5月29日。
② 《旺阿兹莎：风雨不悔》，〔马〕《光明日报》2011年5月29日。
③ 《旺阿兹莎：风雨不悔》，〔马〕《光明日报》2011年5月29日。
④ 笔者对郭素沁的访谈，2019年1月22日。
⑤ 《旺阿兹莎：我不是安华的候选人》，〔新〕《联合早报》2014年3月22日。
⑥ 《安华你好吗？》，https://www.malaysiakini.com/news/303898。

阿兹莎一再提醒，安瓦尔被判入狱的原因是"为了人民"①。2016年反对党联合发起"拯救马来西亚"运动，旺·阿兹莎提出释放安瓦尔应是该运动的首要议程。② 由此，营救安瓦尔，既是妻子营救丈夫，人民公正党营救自己的领袖，人民营救民主斗士，也是拯救马来西亚的"公正"。

3.旺·阿兹莎为人温和、包容，是团结反对党的最佳人选之一

2018年5月前马来西亚的反对党主要是民主行动党、伊斯兰教党和人民公正党，为了推翻国民阵线的长期执政，反对党必须联合起来。但反对党的意识形态差异巨大，民主行动党的终极目标是建立一个世俗、多元和民主的马来西亚，伊斯兰教党的终极目标是建立一个以《古兰经》和圣训为基础，实行伊斯兰教法的伊斯兰教国。如何使这两个意识形态对立的政党能够联合起来，持中庸立场的人民公正党发挥了积极作用，反对党在追求自由、公正、廉洁、民主、平等、挑战国民阵线的共识下几次联合起来，即1999年的替代阵线、2008年的人民联盟、2016年的希望联盟。

安瓦尔是促成反对党联盟的核心人物，在他缺位期间，旺·阿兹莎发挥了重要作用。旺·阿兹莎为人温和、富有耐心、注重细节、善于平衡，她能够聆听、包容任何观点，这使她成为团结反对党的最佳人选。她自己对此很有自信："我不是一个普通的政治人物。我认为我有那种形象能够团结全部人。"③ 人民公正党副主席拉菲兹表示，作为一名领导在野党联盟的领袖，旺·阿兹莎时刻需要接洽民主行动党和国家诚信党等党的强硬领袖，④ 她的中庸、温和、耐心、包容更适合团结反对党。笔者访谈的民主行动党干部也持同样观点。

由于民主行动党和伊斯兰教党的意识形态差异巨大，反对党联盟多次分裂，先是2001年民主行动党因不赞同伊斯兰教党的伊斯兰教国追求而退出

---

① 《万人挤爆民联投票前夕讲座 卡巴星遗孀吁送旺姐入国会》，https：//www.malaysiakini.com/news/297466。
② 《旺阿兹莎：拯救马来西亚运动 释放安华是首要议程》，〔新〕《联合早报》2016年3月8日。
③ 《安华若入狱 旺阿兹莎愿重新活跃政坛》，〔新〕《联合早报》2011年8月7日。
④ 《形容旺阿兹莎温柔但果断 拉菲兹：难道要像罗斯玛？》，〔马〕《当今大马》2015年12月13日，https：//www.malaysiakini.com/news/323251。

替代阵线，之后2015年因伊斯兰教党执意要实行伊斯兰刑事法而导致人民联盟解体。2016年1月，民主行动党、人民公正党和从伊斯兰教党中分裂出来的国家诚信党正式组成新的联盟——希望联盟，旺·阿兹莎仍为新联盟的领袖，希望联盟摒弃过往"异中求同"原则，要求所有决定都必须建立在共识之上。2017年马哈蒂尔领导的土著团结党加入希望联盟，由谁出任希望联盟主席，成为各方争议的焦点。最终，各方还是接受由旺·阿兹莎任希望联盟主席，马哈蒂尔任总主席。

（二）旺·阿兹莎从政的劣势

旺·阿兹莎的政治替代者身份，在成就她从政优势的同时，也成为她最大的劣势，马来西亚民众对她最多的质疑，就是"傀儡"和没有能力。

安瓦尔是人民公正党的真正领袖，这是众所周知的事实，旺·阿兹莎也一再强调这一点。安瓦尔作为人民公正党真正的领袖，"缺席"时遥控她，"在场"时自己上阵。"安瓦尔对旺·阿兹莎的'远程遥控'，使她丧失了相当多政治领袖应有的可靠度和可信度。"[1] 甚至人民公正党的干部也认为，人民公正党应纠正独尊党顾问安瓦尔，却轻忽党主席旺·阿兹莎的做法。"我们不能够让一些人将党主席视为只是个象征。我已太多次听见耳语，说旺·阿兹莎不是真正的领袖。有人甚至说她没有权力。"[2] 在2014年加影选区补选时，尽管旺·阿兹莎一再表明"我是民联的候选人，不是安瓦尔的候选人"，说自己是基于"国家责任及国民义务"而决定再次上阵，强调自己是代表整个反对党联盟——人民联盟参与加影选区的补选，而不是代表安瓦尔竞选，更不是安瓦尔的傀儡。[3] 但她声明没有多少说服力，她就是安瓦尔的替代者，支持她的人因此投票给她，反对她的人也因此

---

[1] Claudia Derichs & Mark R. Thompson (eds.), *Dynasties and Female Political Leaders in Asia: Gender, Power and Pedigree*, Berlin: LIT VERLAG Dr. W. Hopf, 2013, p.309.
[2] 《纠正尊安华轻阿兹莎现象 再益矢言捍卫党主席威严》，〔马〕《当今大马》，2010年9月20日，https://www.malaysiakini.com/news/143088。
[3] 《旺阿兹莎：我不是安华的候选人》，〔新〕《联合早报》2014年3月22日。

不投票给她。

既然是"傀儡",是安瓦尔的代替者,就意味着没有能力和没有自己的思想。尽管人们认可旺·阿兹莎的个人形象是温和、廉洁、朴素、贤妻良母,但对于一个政治家来说,从政能力才是最重要的。当旺·阿兹莎再次替夫出征补选获胜后,她没有公开发言,反而是人民公正党副主席阿兹敏首先呼吁反对党必须团结,因此许多人认为在人民公正党基层实力强大的阿兹敏更像反对派领袖。① 在反对旺·阿兹莎的人看来,人民公正党的实权领袖是安瓦尔,她只是传声筒;旺·阿兹莎担任过国会议员和州议员,只是忙着辞任或补选,没有很好地解决水灾、骨痛热症、地方民生问题;她所做的一切,只是为了安瓦尔。2018年10月安瓦尔再一次补选国会议员,为将来出任总理铺路,人权律师西蒂卡欣在社交媒体Instagram上发文批评,指出安瓦尔一家之前已制造过3场补选,似乎可以随心所欲,消费人民。她呼吁选民别把票投给安瓦尔,以教训人民公正党及安瓦尔夫妇。②

人民公正党虽然追求"公正"和"民主",但看起来更像是安瓦尔家族的政党,人民公正党主席是旺·阿兹莎,实际领袖是安瓦尔,党主席职位的选举是走过场,旺·阿兹莎一直连任,甚至2014年还出现安瓦尔和旺·阿兹莎一起提名竞争党主席的"怪事"。旺·阿兹莎辞任和补选议员,是为了安瓦尔,其他议员辞任州议员,也是为了安瓦尔,他们的大女儿努鲁依莎是人民公正党副主席,也多次成功竞选国会议员。因此,国民阵线一直攻击人民公正党的"安瓦尔家族"政治模式。马华公会副总会长周美芬针对旺·阿兹莎2015年再一次代夫出征补选国会议员,指出:"人民现在应意识到,当他们遴选一个代表,她应该代表其人民,而非其丈夫或任何家庭成员。"③马华公会的陈清凉也指出,旺·阿兹莎被选为人民公正党主席,但是人民公

---

① 《分析:砂州选举及双补选惨败后 马国反对党整合前景不乐观》,〔新〕《联合早报》2016年6月21日。
② 《"别投给安华",西蒂卡欣呼吁教训公正党》,〔马〕《当今大马》2018年9月13日,https://www.malaysiakini.com/news/442899。
③ 《周美芬嘲讽仅懂代夫上阵 旺阿兹莎反批不支持女性》,〔马〕《当今大马》2015年4月27日,https://www.malaysiakini.com/news/296510。

正党以一种非民主的方式，让安瓦尔成为所谓实权领袖，地位和权力竟然凌驾于通过民主程序选出的主席。① 这种"家族政治"模式和"替代者"身份，削弱了旺·阿兹莎作为人民公正党主席和反对党领袖的政治形象。为了减少人们对人民公正党是"家族政党"的指责，2018年12月努鲁依莎宣布辞去人民公正党副主席及槟榔屿州主席两大要职，只保留峇东埔区国会议员的身份。

政治替代者身份对旺·阿兹莎从政最大的负面影响是，她被人们视为温和的、关爱的、团结的教母型人物，却未被视为真正的、有影响力的政治领袖。即使在担任副总理一职时，其影响力也远在马哈蒂尔、安瓦尔、林吉祥、林冠英、哈迪·阿旺等之下。

旺·阿兹莎的政治替代者身份，也影响到她的政治升迁，如雪兰莪州务大臣任命事件。2014年雪兰莪州发生换州务大臣风波，人民联盟提名获多数州议员支持的旺·阿兹莎为州务大臣人选，并报呈雪兰莪州苏丹，但被苏丹驳回，只好再多报一个阿兹敏（人民公正党副主席）为候选人。按照常规，应该是旺·阿兹莎获任州务大臣，但最终苏丹任命阿兹敏为州务大臣。人们认为，雪兰莪州苏丹反对旺·阿兹莎当州务大臣，是因为她是女性，但苏丹说："我没有反对女性担任州务大臣，不过我的基准是她必须像国家银行总裁（洁蒂）那样。无论男或女，我要看到领袖可以为雪州做出自身决定。"②实际上苏丹认为她是安瓦尔的傀儡，所以反对任命她为雪兰莪州务大臣。当2018年5月大选希望联盟胜利后，国家最高元首曾希望任命旺·阿兹莎为总理，但她婉拒出任总理，因为希望联盟早已达成协议，由马哈蒂尔担任总理，而她只有一个心愿——立即释放安瓦尔。③

政治替代者身份也限制了旺·阿兹莎在推动马来西亚女性参政方面起更大的作用。旺·阿兹莎作为马来西亚第一位女性反对党联盟领袖和女性

---

① 《一再当丈夫代理非彰显女权　周美芬斥旺姐以性别掩无能》，〔马〕《当今大马》2015年4月27日，https://www.malaysiakini.com/news/296578。
② 《雪州苏丹首次表态 不反对女性当大臣》，〔新〕《联合早报》2014年12月12日。
③ 《与"仇人"马哈迪合作 不是太艰难抉择》，〔新〕《联合早报》2018年7月15日。

副总理，对女性参政有一定的推动作用，但作用有限。一方面，她的女性领袖身份成为一种象征或符号，表明女性也可以成为政治领袖，为更多女性投身政治树立了榜样，也使人们更关注女性的政治参与。正如玛兹娜（Maznah）观察到的，"国家最近一次大选（1999年大选）的显著特征是妇女问题政治化。旺·阿兹沙作为一个反对派的领导偶像……满足了公众对于女性将起极大作用的想象"①。另一方面，旺·阿兹莎作为一个政治替代者，对推动女性参政作用有限。她总是强调自己的贤妻良母身份和替代者身份，以及为了安瓦尔而多次辞任或补选议员，令人质疑她的自主性和能力。马来西亚的女性主义者评论："从烈火莫熄到现在雪州大臣风波，旺·阿兹莎都不被视为一个主体……由始至终她只被视为安瓦尔的附属品。……虽然政党和女性权益组织都分别发文告欢迎旺·阿兹莎成为第一位女性大臣，但没有突破目前的众人观感下，即使她成为了第一位女性大臣，也无助于提高女性自主权益，而且还加深了女性作为从属的刻板印象，这才是国内性别运动的一大挫败。"② 来自她的竞争对手的批评更加激烈，周美芬指出，旺·阿兹莎一再扮演丈夫的替代者，是对女性争取决策权努力的一大打击。"旺·阿兹莎可以为自己身为国会第一位女性反对党领袖而感到自豪。但必须提醒的是，真正的男女平等，是中选的女议员必须独立自主，扮演人民代议士的角色，而非一再扮演丈夫代理的角色。"③ 陈清凉也认为，性别并非是否适合从政的问题，重点在于从政者，尤其是立法者必须拥有独立自主的原则和立场，而非成为"某些人"的傀儡。"旺·阿兹莎自甘成为其丈夫的政治傀儡，这是在打击女性从政的尊严。"④

---

① Mohamad Maznah (ed), *Muslim Women and Access to Justice: Historical, Legal and Social Experience of Women in Malaysia*, Penang: Women's Crisis Centre, 2000, p.14.
② 《旺姐与性别运动的进退》，〔马〕《当今大马》2014年8月21日，https://www.malaysiakini.com/columns/272318。
③ 《一再当丈夫代理非彰显女权　周美芬斥旺姐以性别掩无能》，〔马〕《当今大马》2015年4月27日，https://www.malaysiakini.com/news/296578。
④ 《一再当丈夫代理非彰显女权　周美芬斥旺姐以性别掩无能》，〔马〕《当今大马》2015年4月27日，https://www.malaysiakini.com/news/296578。

余 论

旺·阿兹莎是一个典型的政治替代者，她走上政治舞台，是因为丈夫安瓦尔被捕入狱；她辞任国会议员和国会反对党联盟领袖，是为丈夫安瓦尔"重出江湖"让位；当安瓦尔再次入狱，她也再次"代夫出征"，重新当选国会议员和反对党联盟领袖；即使她曾担任副总理，而安瓦尔并无官职，但她随时会辞官让位。尽管她有自己的政治理念和从政能力，但都被笼罩在安瓦尔的光环下，她只是他的"替代者"，被认为缺乏从政能力和政治见解。

这种"替代者"身份因两个因素而被加强，一是替代对象安瓦尔还活着，即使是在监狱中，他也能遥控政治，因此，旺·阿兹莎被视为他的"傀儡"，所作所为都是按照安瓦尔的指示；二是旺·阿兹莎的政治抱负止于扮演辅助者、替代者角色，她一再强调人民公正党真正的领导人是安瓦尔，安瓦尔不仅是一家之主，也是一党之主，还是反对党领袖。在他入狱（不在家）时，她代替他守护家庭（人民公正党）；当他有选举资格时，她立即让位，退居幕后。"我会把这份工作让给做得更好的人，安瓦尔就是那个更好的人选。按伊斯兰教导，我们说公正就是各安其职。"①

旺·阿兹莎遵守父权制的男外女内、男主女从的性别规范，遵守"马来穆斯林女性"的行为准则，强调自己的贤妻良母角色，不逾越父权制的角色定位，她只是在他"缺席"时，扮演"替代者"角色，替他守好政治地盘，她的政治表现更像一个代表专一利益的政治家，她的政治活动是为安瓦尔而进行的。因而，旺·阿兹莎是永远的政治替代者。

---

① Claudia Derichs & Mark R. Thompson (eds.), *Dynasties and Female Political Leaders in Asia: Gender, Power and Pedigree*, Berlin: Lit Verlag Dr. W. Hopf, 2013, p.316.

马来西亚华人
Malasian Chinese

马来西亚董教总维护华文教育的变革策略

(马来西亚)黄宗财*

摘 要： 董教总在马来西亚独立前就已经成立了，它由两个非政府、非营利性组织（董总与教总）组成。本研究在开放系统理论的基础上，探讨董教总通过各种斗争策略，以保持马来西亚的华文教育。通过梳理与研究董教总的演讲、文章、新闻内容、信件和档案可知，由于董教总必须适应不确定的环境，所以该组织为实现其目标而采取的多样性策略也会发生变化。因此，董教总的领导者需要找出最好的方法来分析与适应外部环境。总之，基于斗争的多元化策略，董教总有效地实现了在马来西亚发展和保持华文教育这一目标。

关键词： 华文教育 董教总 华团 多元教育 华社

---

* 黄宗财，马来西亚拉曼大学创意产业学院助理教授。

环境是如此具有挑战性，所以会改变某一组织的竞争格局。许多无法应对这一变化的组织将成为历史，而只有那些成功适应不断变化的环境的组织，才能生存。因此，组织领导者需要找出更好的方法来分析外部环境，评估优势和劣势，确定可采取的机会，找到一种方法，使组织获得竞争优势。故此，组织的策略变革及长期规划发挥着重要作用。组织的策略管理也同样重要。Rhyne 1986 年的研究发现，69%的组织使用策略规划来应对当前的竞争，85%的组织承认它们的计划是有效执行的。在董教总①的斗争经验中，策略管理在实现组织目标方面发挥了重要作用。例如，在马来西亚大选中，董教总就利用其策略管理来影响华社投下他们神圣的一票以左右大选的成绩。因此，在尝试了各种斗争策略后，最后董教总找到了实现其目标的最恰当和有效的策略。本文研究了董教总自 1950 年成立以来到现在，所实行的多样性策略与变化，以及对维护华文教育的作用与影响。

董教总多样性的策略

为了提高斗争的有效性，董教总尝试了各种斗争策略。这些措施包括与政党合作、加入政党，以及获取华团和华社的支持。例如，1982 年马来西亚大选前，董教总的代表被派往加入民政运动党以从政府内部争取筹码。1990 年的马来西亚大选，董教总也派了一些代表加入民主行动党以壮大反对党阵容。此外，董教总也经常采用向政府施压的策略，如，1985 年与马来西亚华人协会联合发布声明、1999 年与马来西亚华人社团联合发起诉求运动等，迫使政府关心华社面临的种种问题。董教总各种策略的变化，与不确定的政治环境相关。由于政治局势和常常变化的政府政策，董教总必须不断地修改它的斗争策略，才能在维护马来西亚华文教育的利益上发挥其作用。

在 20 世纪六七十年代，董教总是一个向政府施压以达到捍卫华文教育

---

① 董教总是马来西亚华校董事联合会总会（简称"董总"）和马来西亚华校教师会总会（简称"教总"）的联合合称。

的组织。在这个过程中，董教总试图获得华社的支持尤其是华团的支持以达成它的斗争目标。它认为获得这种支持就等于为它的斗争提供了信念和合法性。在华社的支持下，这些策略造成华基政党的一种压力，以致争着与董教总合作以维护华社的利益。在20世纪50年代，董教总和马华公会通过马华公会的中央教育委员会，共同努力捍卫华文教育。因此，在语言和华文教育的问题上，董教总的要求能够直接转达到政府那里。然而，鉴于与马华公会之间的关系从1960年后越来越疏远，董教总便失去了一个有效的政治斗争渠道。因此，1960年董教总的要求被政府完全拒绝，这导致了它在维护华文教育上的角色遇到莫大的挑战。

在20世纪70年代末80年代初，随着当时政治形势的变化，董教总维护华文教育的斗争再次兴起。但是，作为一个外在施压者，它的斗争仍然面临着局限。虽然在恢复独中运动、3M课题、建立独立大学的问题上，基本上董教总的斗争策略是获得华基政党和华社的支持。但事实上，它只能从外部对马来西亚政府施压和提出要求，不能直接影响政府的决策。此外，华基政党给予董教总支持的多少也根据政党各自的政治利益而定，这也增加了董教总斗争的难度。

董教总规划了两个相互依存相辅相成的政治策略，以加强华文教育在马来西亚的永续存在。第一个策略是试图创建四个华基政党，即马华公会、民政运动党、民主行动党和人民联合党的政治联盟。除了团结所有华人政商组织外，也团结所有的华人。这有望加强董教总的力量。其实，这种策略在董教总争取3M课题期间是非常令人鼓舞的。但是，如果董教总的领导人认为他们能够长期团结具有不同思想和政治利益的华人，则仍属一种理想。此外，董教总当时的领导人也不知道，尽管他们在20世纪70年代末80年代初获得了华基政党的支持，但也只不过是这些华基政党出于维护政党利益的需要。事实上，这些政党都试图相互竞争，以突出自身华人社群斗士的形象。显而易见，董教总所斗争的目标往往被一些华基政党出于自身利益利用乃至破坏。基于这一事实，任何有意义的政治合作都难以真正十全十美地实现。

第二个策略是董教总间接加入政治舞台以加强自身的力量，捍卫华文教育。在20世纪80年代初,董教总派出一些人员加入了国民阵线的一个成员党。这一新的策略有望协调华人的政治权利,以在政府内外共同实现华人政治联盟(三结合)的目标。这两个策略加强了董教总捍卫华文教育的力量,通过捍卫华文教育以保持华社在马来西亚的语言、身份和文化。

概 念

第一次呼吁华人政治联盟,是1982年4月12日在双溪举办的第十四届州华校董事联合会上,当时会议批准的提议如下:"该会议呼吁华人社会,需关注马来西亚的政治发展,并在各自的领域,对华人社会的团结提供援助,鼓励在很短的时间保障与实现整个华人社会的福利"。

从此,董教总开始主动建立与华人社会及华基政党的政治合作。这个概念由当时的教总副主席陆庭谕提出,同时也获得当时的董总主席林晃升的支持。陆庭谕还提出了五个目标。第一,团结华人社会。第二,确保国家和民族的利益超越自身利益和党的利益。第三,解决所有现有的政治歧见。第四,培养对政党的尊重。第五,培育民主合作精神。陆庭谕坚持认为,三结合的概念有助于实现当时董教总的目标。

虽然如此,三结合的政治联盟更倾向于团结华人的政治力量,来制衡马来人的政治地位,以便华人的利益得到保障。事实上,董教总希望通过华团和华基政党把华社的要求带到政府的谈判桌上。从理论上讲,这种双管齐下的策略确实能够扩大华社对董教总的支持以加强达成目标的可能性,捍卫华文教育的利益。然而,在实践中,三结合的政治联盟是不容易的。鉴于每个华基政党的政治理念和利益都不同,尤其是在朝与在野的华基政党的对立更加明显。而且董教总参与政治,也引起了这些政党之间的多样化反应。

为了实现三结合政治联盟的目标,董教总开始思考一个更有效的政治参与形式。它考虑了一些替代方案。有人建议建立一个政党,也有人提议董教总进入现有的政党。最后董教总选择了进入民政运动党作为其政治斗争的渠道。然而,它的这个决定也引起了其他华基政党的不满,影响了三结合政治联盟的实现。讽刺的是，董教总倡议建立团结华人的政治联盟却带来相反的效果，原因是增加了华基政党之间的误解和政治竞争。例如，马华公会领导人不支持这种政治联盟，因为他们认为华人社区应该在马华公会的领导下团结起来。显然，马华公会领导人希望其他华基政党同意及支持马华公会成为捍卫华社利益的主要政党。此外，其他华基政党如民主行动党，也不赞成与华团、董教总、马华公会的政治合作。民主行动党领袖公开反对这个由董教总、马华公会和民政运动党组成的三结合的政治联盟。作为一个非政府、非营利的机构，在维护华文教育的利益上，董教总绝对是受马来西亚华人社会信任的。因此，当董教总决定通过民政运动党来实现其目标时，民主行动党感觉好像被董教总背叛了。事实上，如果没有马华公会和民主行动党的支持，董教总想要团结华基政党的努力是不能成功的。三结合政治联盟的失败间接反映了华人的政治局势非常复杂，华基政党各自拥有不同的政治利益，各党之间又相互斗争。该现象说明了这样一个事实：华人社会是复杂的，具有不同的政治理念。很明显，华人政党的政治利益已经超越了华文教育的重要性。

参与政治的策略

虽然董教总加入民政运动党的决定，没有得到其他华基政党的支持，但董教总的这个决定并不是匆忙作出的。事实上，这个决定是董教总长期以来一直考虑的另类斗争。据胡万铎所说，董总前主席进入政坛的愿望早已被华文教育工作者讨论过，但他们不能达成最终决议，以实现这一目标。根据胡万铎1993年6月22日的说法，这个决定是由两件事引发的。第一，董教总指控3M的措施是政府要转换华小成为国小的伎俩。第二，董教总之前一直所采用的向政府施压的措施没有取得成功。鉴于董教总已经意识到提交国会的政策有可能获得批准，因此为了确保其斗争的有效性，在草拟政策的过程中提出更加有效的斗争途径。而这只有在董教总参加政党，并直接参与决策过程后才能实现。

在1982年的大选中，董教总最终决定参与政治。当时，它提出的3M

课题在华人社区中得到了热烈的讨论。对董教总来说，这次选举可以作为一个衡量标准，以确定华社是否支持董教总参与政治的策略。然而，对董教总决定冒险进入政治舞台，许多华文教育工作者提出了不同的意见。例如，霹雳州的华文教育工作者提出了六种替代董教总的方法。第一，仍然是政府以外的华人组织；第二，建立一个属于董教总的政党；第三，进入马华公会；第四，进入民主行动党；第五，进入社区公正党（PEKEMAS）；第六，进入民政运动党。董教总参政也面临两个困境：第一，这个决策是否能获得董教总的全面支持或只是获得董教总领导者的支持而已？第二，加入执政党还是反对党？

最后，董教总决定只有它的某些领导人才能进入政治舞台。他们必须辞去董教总的所有职位，以华文教育工作者的身份去竞选。后来，由郭洙镇领导的18名华文教育工作者加入了民政运动党。这项决定是董教总在与民政运动党进行一系列会谈和讨论后作出的。董教总决定不直接参与政治，而是支持一些华文教育工作者加入华基政党，这一决定获得了当时华人社会的大部分支持。除了继续自由地向政府施压以捍卫华文教育外，董教总也通过执政的华基政党参与政府对华文教育的政策制定。这是一个双管齐下的策略。董教总最终选择民政运动党作为参与政治斗争的理由是，民政运动党已经认可和支持它的一些运动。第一，保留华小特性；第二，支持董教总在3M课题上的立场；第三，支持公平对待各源流学校；第四，鼓励各源流学校的制度；第五，支持多元文化的概念；第六，支持废除1961年教育法第21（2）条。

不过，在董教总选择民政运动党作为政治斗争的通道前，它曾与马华公会和民主行动党会谈过。虽然马华公会建议董教总加入马华公会，但没有给出承诺支持董教总继续进行华人教育的斗争。民主行动党却希望董教总继续扮演其从外部向政府施压的角色。在考虑了马华公会和民主行动党的立场之后，最后董教总选择了民政运动党，因为民政运动党已经接受了他们为维护华文教育而斗争的原则。1982年3月31日，8位华文教育工作者先行加入民政运动党，接着另外8人于1982年4月4日加入。他们当时是以个人名义加入民政运动党。这些华文教育工作者中包括著名人物如郭洙镇、许子根、王添庆和江真诚。这 4 位华文教育工作者被华社称为"四君子"。其中，郭洙镇和许子根最有机会在 1982 年的大选中成为候选人。

民政运动党起初关注以英语为教育语言背景的华人，后来他们意识到，未来需要更多以华语为教育语言背景的华人。因为民政运动党需要与马华公会竞争，以突出其华基政党的特征。这也是民政运动党接收董教总华文教育工作者的原因之一。此前秉持多元族群和多元文化理念的民政运动党，接受华文教育工作者也是其政治斗争策略的一种变化，即越来越强调华人的特征，以吸引华人社区的支持。

很明显，华文教育工作者进入民政运动党是为了实现三结合政治联盟。然而，这一决定激起了华基政党的负面反应，尤其是民主行动党。对民主行动党来说，董教总选择民政运动党，而不选择民主行动党是不可原谅的。这导致民主行动党在 1982 年的选举时，对抗董教总派出参加民政运动党的两位华文教育工作者，即郭洙镇和许子根。郭洙镇博士遭到民主行动党陈胜尧在甲洞选区的挑战，而许子根在丹绒槟榔选区也遭到 Chian Heng Kai（恒凯）的对抗。最后，郭洙镇被击败，而许子根以微弱优势胜出。这显示三结合政治联盟是失败的，加剧了董教总和民主行动党的恶劣关系。1982 年选举后，董教总发表了一份声明，声称由于华基政党基本上只注重政党而不是华社的利益，导致三结合政治联盟的失败。

董教总在 1982 年间接参与政治，是其历史上的一次重大突破。两个互补的政治策略支持它参与这一政治舞台。首先，董教总试图打造三结合政治联盟，其次，董教总支持华文教育工作者进入民政运动党。第一个策略失败的原因是华基政党之间的竞争异常激烈，以及各政党利用华文教育问题为自身谋利。第二个策略涉及两名华文教育工作者，他们在董教总的赞助下参加 1982 年的大选。问题是，华社是否接受了第二个策略？如根据 1982 年选举的结果进行观察，可以得出结论，华社对第二个策略的支持是不一致的。无论这两个策略取得了什么样的成果，都说明董教总试图摆脱自身作为一直在外施压的角色。

董教总参与政治是一种旨在试图使其政治斗争策略多样化的做法。策略多样化及策略的转变是受到环境影响的。环境主要指某些时期的政治形势。董教总达到三结合政治联盟的梦想失败了，但这种失败又是不可避免的，因为董教总难以影响不确定和不断变化的政治环境。随着一些华文教育工作者进入政府和政党，董教总有了自己的政治斗争渠道。这与20世纪60年代不同，当时董教总依赖马华公会领导人，但它的要求难以引入政府政策的制定和实施，如今这不再是一个问题。

但是，这种策略是否会产生积极效果？首先，国民阵线政府实行协商的政策，华文教育工作者与政府的协商比在外对抗政府应该更有效。董教总之前的在外施压政策并没有产生预期的结果，反而使马来西亚的民族关系陷入紧张的状态。与对抗相比，寻求共识的幕后谈判或许更有效，以防止任何不健康的种族主义出现或恶化。然而，华文教育工作者随时提出要求的可能性也在降低，毕竟在联合政府内，一个政党的讨价还价能力在很大程度上受其政治权力的影响。鉴于民政运动党属于国民阵线政府，该党很难就一项超越马来协议框架的问题提出和解，更谈不上废除现行政策了。其次，董教总选择执政的民政运动党，而不是在野的政党作为斗争渠道，表明它意识到，如果董教总只从外部对抗并不能影响政府的决策。再次，间接参与政治，董教总的策略更为全面，以实现双管齐下。董教总仍然保持着它在政府之外的华团地位，仍然可以动员其他华团支持它的斗争事业。最后，如果董教总选择直接参与政治，将会受到很多马来人团体的对抗，毕竟多年来，它已被马来社群指控为种族极端分子的组织。

很显然，董教总在政治上的策略就是试图多样化其政治角色的作用。随着这一变化，它希望获得华社的支持，发挥它的政治角色使华文教育在马来西亚得以更好地维持和发展。

两线制概念策略

四六精神党在马来西亚政坛的出现，对华文教育工作者加入反对派起着非常重要的作用。四六精神党的存在是由于巫统成员中A队和B队之间存在争议。当11名巫统领导人将该党带入高等法院后，巫统被法院宣布为非法组织，巫统内部的冲突进一步恶化。之后，在重新注册巫统时，马哈蒂尔博士于1988年2月15日组建新巫统，而东姑拉沙里也于1988年6月成功组建四六精神党。

四六精神党的成立给董教总的领导人带来了新的希望。尤其是四六精神党愿意改善公民权利，反对腐败政府。例如，华文教育斗争活跃者柯嘉逊说，四六精神党诞生后，与之前存在的反对派的合作相比，"两线制"的概念变得更清晰。此外，四六精神党提供10个国会竞选议席给华文教育斗争者和华团，也增加了董教总的信心。东姑拉沙里成功拉拢反对党，特别是伊斯兰教党（PAS）和民主行动党，形成 Aangkatan Perpaduan Ummah（APU）以提高对抗国民阵线的胜算，这让华文教育斗争者认为，反对派的力量是可以得到改善及加强的。

与此同时，董教总在林晃升的领导下，认为两线制对马来西亚的民主制度更有利。林晃升的这种政治理念，比1982年董教总作出加入民政运动党以达到"打入国民阵线纠正国民阵线"的政策更成熟。1990年，内安法令被当时的政府严厉执行，林晃升意识到巫统在国民阵线政府中的垄断和霸权。后来，他宣布24位华文教育工作者加入民主行动党，支持反对党，并对抗过于偏向执政党的政治现象。这个大胆的行动令人惊叹。沈穆羽称之为"民权起义"。这24位华文教育工作者加入民主行动党，得到了所有中文主流报纸的重点报道。虽最终并没有实现相关政治目标，但它是一个先导，让1999年大选两线制的概念更为清晰。

中立政策策略

1995年，董教总不支持任何政党，采取了中立政策策略。它呼吁"超越政党，但不超越政治"。这一策略有一定的现实价值。从马来西亚第十一届大选前夕开始，董教总宣布采取中立立场。根据叶新田的说法，董教总采用这一策略是明智的。在华人社会里，有人支持国民阵线的马华公会和民政运动党，但与此同时，也有人支持在野的民主行动党。华团的组织也是如此。董教总的领袖们对政党也有自己的看法。因此，董教总的角色只针对教育问题。不论任何一方，均应遵守这些规则，只为华文教育的利益进行辩护，而不参与党派间的政治斗争。这就是超越政党的意思。然而，由于教育问题往往与政治有关，所以董教总坚持认为它不会超越政治问题。换句话说，这不是一个种族问题，而是一个教育和政治的问题。

马来西亚华社的一个独特之处是在于他们非常关注教育，特别是母语教育。不论他们去哪里，都必须坚持与发扬他们的母语教育。这导致了一种相当奇特的现象，在华人社会，一个人可以加入不同的政党或任何其他组织，但在教育问题上，他们却"似乎会团结起来"。例如，假设董教总需要资金来建立与教育有关的工作，或者举办任何与教育有关的活动，不论政党或华团都会倾向同意和支持。在这种前提下，他们似乎可以克服不同的意见。

与华团合作的策略

此外，1982年大选和1990年的政党合作，董教总和华团曾提交一份联合声明，呼吁各政党协助以实现董教总的目标。在大选前通过华团和华人组织，向政府提出诉求，是非政府组织的一种普遍做法。董教总与其他非政府组织合作，也旨在提升它们的诉求力。1985年"马来西亚华人社团联合声明"（PBPCM）和1999年"诉求宣言"是其中较为突出的两个案例。在1986年的选举中，董教总领袖与15个主要华团领导人共同提交了一份"马来西亚华人社团1985年的联合声明"。声明包含政治、经济、文化、教育和社会领域的各种要求。1985年的"马来西亚华人社团联合声明"，是由隶属于华团性质的研究中心——马来西亚华社研究中心（CMCS）起草的，后来由27个主要华团，代表全国近5000个华团于1985年10月12日签约。根据声明，政府过度维护马来人的权益以导致非马来人的基本权利被剥削，是促使种族关系日益严重的主要原因。他们发出声明，以便政党认真审察造成社会不和睦、国民不团结问题的原因。在教育领域，宣言呼吁各方认真看待单元教育。宣言呼吁政府实施多源流教育的政策，按照不同的社区和各类学校给予公平的待遇，其中包括废除1961年教育法第21（2）条。

作为一个涵盖所有马来西亚人要求的政治宣言并且特意在大选中提出，顺理成章地得到华社和政党的积极反响。支持这份宣言的政党包括马华公会、民政运动党、砂拉越人民联合党、民主行动党和伊斯兰教党。华团和华文教育工作者认为，PBPCM在1985年成功表明了华社的问题，PBPCM 1985年的诉求超出了华社的利益，且没有遵循公共框架。另外，这个宣言的提出遵循了民主与公民权利平等的基本原则。在1995年和1999年的大选中，董教总宣布中立立场。在整个20世纪90年代，华文教育问题并未出现如几十年前般的紧张局面。虽然在实施某些教育政策方面仍然存在立场冲突，但由于马来西亚政府为华文教育提供了一定的调整空间，让冲突得以缓解。人们还是不禁会问，是什么原因让董教总一直秉持一种策略且联合其他社团共同向政府提出诉求？

根据王超群的看法，促使董教总提出诉求的主要因素有三个。一是政府政策的变化；二是当时的政治气候；三是继续1985年PBPCM的斗争。由于政府当时的政策有所变化，董教总及华文教育工作者认为，华团是时候鼓励和支持政府继续实行自由化政策，为华文教育的发展提供更多空间了，为此董教总成立了诉求委员会。后来，诉求委员会也敦促政府实施1996年修订的教育法，以确保马来西亚所有族裔的母语得以正确并自由地使用。

另外，当时的政治发展也有助于诉求的提出。副总理安瓦尔被解职事件对当时的政治局面产生了巨大的冲击，但是董教总及华团并未表现出极大的"兴奋"，他们认为这是最大的执政党——巫统内部的斗争，未必会对国家造成很大改变。不过，董教总内部的一些积极分子也认为，他们需要借这个机会做点什么，才能让政治人物听到来自华人社区的声音。最先提出诉求想法的是民权委员会（CRC），它也是PBPCM和"1990年华团联合声明"华团的主要策划者。所以，这些声明的提出，是因为出现了政治发展有利于非政府组织申诉权利需求的时机。

超越族群的策略

为了让策略发挥更有效的作用,董教总认识到,华文教育运动必须超越华社的界限,发展到非华人的社区。华文教育的问题和斗争应得到非华人的认可和支持,以使教育问题不被视为种族问题。因此,董教总开始进入马来人及印度人的社区,向他们解释华文教育也对他们的孩子开放,所以不应再像以前,从种族的角度来看待华人社会的华文教育。董教总试图用"多语单位宣传",把信息传播给非华文教育的社会,让他们知道华文教育并没有种族限制。大多数马来人并不反对华人学习母语,只有少数马来人为了达到政治利益而反对华文教育。董教总也希望和经常对抗董教总的马来组织如KGMMB、KPGMS、GPSM等能够理性而开放地沟通。此外,董教总愿意协助政府和社会提供马来西亚各种学校如何有效学习第二语言的教学方法,让不同种族的学生尽可能了解和掌握中华文化与中文。随着中国的崛起,中文慢慢成为世界性的重要语言。曾任董总主席的叶新田博士说,"让中文作为第二语言"将促进所有种族的合作。董教总希望政府改变过时的想法,华文教育不会挑战或阻碍马来语的发展。换句话说,董教总现在扮演的是一个非单一种族、非政府组织的角色,监督政府实施满足所有公民需求的政策。

结 论

作为一个具有压力功能的非政府组织,董教总为维护华文教育,尝试了几种斗争策略如"通过三结合的概念来支持政党""直接参与政治""促进两线制""与华团合作""超越政党,但不超越政治"(中立策略),最后采取了"超越族群"的策略。所有这些策略都是密切相关的。例如,1995年宣布中立政策时,董教总也采取合作的政策,并与华团一起向政府提出诉求。不过,董教总认为,"中立策略"是实现组织目标的最有效策略。由于政治环境的变化,董教总的领导风格和策略也必须改变。如果只是一味对抗政府，目标未必能实现。最后，董教总采取的策略是愿意和任何政党、华团或团体合作，以维护马来西亚的华文教育，董教总也欢迎任何其他有建设性和可持续性的方案，无论提出者是政府、执政党，还是在野党，最终目标都是为了让马来西亚的华文教育得以保持和发展。

参考文献

Abdul Rahman Embong. 2006. *Negara Bangsa：Proses dan Perbahasan.* (Edisi Kedua). Bangi：Penerbit UKM.

Abdullah Hassan. 1999. *Asimilasi Bahasa：Satu Tinjauan Terhadap Dasar Pendidikan Bahasa dan Penerimaan Bahasa Melayu di Malaysia Barat.* Kuala Lumpur：Dewan Bahasa dan Pustaka.

Abu Zahari Abu Bakar. 1980. *Perkembangan Pendidikan di Semenanjung Malaysia.* Kuala Lumpur：Fajar Bakti Sdn. Bhd.

Ahmat Adam. 1994. *Isu Bahasa dan Pembentukan Bangsa.* Kuala Lumpur：Dewan Bahasa dan Pustaka.

Blau, Peter M. & Scott, Richard W. 1962. *Formal Organizations.* San Francisco：Chandler.

Burrell, Gibson, & Morgan, Gareth. 1979. *Sociological Paradigms and Organisational Analysis.* England：Heinemann Edu. Books.

Chai Hon – Chan. 1977. *Education and Nation – Building in Plural Societies：The West Malaysian Experience.* Canberra：The Australian National University.

Cheong, Yuen Keong. 2013. *Gerakan Pendidikan Cina di Malaysia：Satu Kajian Tentang Perjuangan Dong Jiao Zong* (1970 – 2002). Petaling Jaya, Selangor：Strategic Information and Research Development Centre (SIRD).

Costain, Anne N. 1992. Social Movement as Interest Groups：The case of the Women's Movement. Dalam Petraccs, Mark P. *The Political of Interests：Interest Groups Transformed.* Westview Press, 285 – 307.

Creswell, J. W. 2009. *Research Design：Qualitative, Quantitative, and Mixed Methods.* U. S. A. : Sage Publications.

Deming, W. Edwards. 1986. *Out of the Crisis.* Cambridge：Cambridge University Press.

Etzioni, Amitai. 1964. *Modern Organizations.* Englewood Cliffs：Prentice – Hall Incorporated.

Grant, N. 1971. Education and Language. Dalam J. Lowe et al. (ed.). *Education and Nation Building in the Third World.* Edinburgh: Scottish Academic Press, 179–209.

Guibernau, Montserrat. 1996. *Nationalisms: The Nation–state and Nationalism in the Twentieth Century.* Cambridge: Polity Press.

Hall, Richard H. & Tolbert Pamela S. 2009. *Organizations: Structures, Processes, and Outcomes.* New Jersey: Pearson Prentice Hall.

Haris Md Jadi. 1990. *Etnik, Politik dan Pendidikan.* Kuala Lumpur: Dewan Bahasa dan Pustaka.

Ibrahim Saad. 1981. *Pendidikan dan Politik di Malaysia.* Kuala Lumpur: Dewan Bahasa dan Pustaka.

Kua Kia Soong. 1985. *The Chnese School of Malaysia: A Protean Saga.* Kuala Lumpur: Dong Zong.

Kua Kia Soong. 1999. *A Protean Saga: The Chinese Schools of Malaysia.* Kajang: Dong Jiao Zong Higher Learning Centre.

Mackey, W. F. 1992. Mother Tongue, Other Tongues and Link Languages: What They Mean in a Changing World. *Prospect* 22 (1).

Mason, R. dan Mitroff, I. 1981. *Chanllenging Strategic Planning Assumptions.* New York: Wiley.

Meyer, J., Scott, W. R. dan Dael, T. E., 1981. Institutional and Technical Sources of Organizational Structure Explaining the Structure of Educational Organizations. H. Steen (ed.), *Organization.*

Ramananthan. 1985. *Politik dalam Pendidikan Bahasa* 1930–1971. Petaling Jaya: Fajar Bakti.

Renou, Geard, 1997. Linguistic Diversity & Multilingual Education. Dalam Kua Kia Soong (ed.). 1998. *Mother Tongue Education of Malaysian Ethnic Minorities.* Kajang: Dong Jiao Zong Learning Center, 11–16.

Roff, William R. 1994. *The Origins of Malay Nationalism.* Kuala Lumpur: Oxford University Press (2nd edition).

Rosazman Hussin & Dayang Suria Haji Mulia. 2002. *Sosiologi Organisasi Kompleks: Teori dan Perspektif.* Kota Kinabalu: Universiti Malaysia Sabah.

Rustan Sani. 1992. Ke Arah Pembentukan Satu Bangsa Malaysia. Dalam Hairany Naffis (pnyt). *Politik Malaysia Dekad* 1990*an.* 1–17. Universiti Kebangsaan Malaysia: Jabatan Sains Politik.

Schermerhorn. 1970. Polarity in the Approach to Comparative Research in Ethnic Relations. Dalam M. Kurokawa (ed.). *Minority Responses: Comparative Views of Reactions to Subordination.* New York: Random House, 55–59.

Sknutnabb - Kangas, T. (1995). Multilinguaslism and The Education of Minority Children. Dalam O. Garcia dan C. Baker (eds.). *Policy and Practice in Bilingual Education.* Clevedon: Multilingual Matters Ltd., 40 - 62.

Sufean Hussin. 1993. Pendidikan di Malaysia: Sejarah, Sistem dan Falsafah. Kuala Lumpur: DBP. Syed Husin Ali 1981. *The Malays: The Masalahs and Futur.*, Kuala Lumpur: Heinemann Asia.

Tan Chee Beng. 1988. Nation - Building and Being Chinese in A Southeast Asian State: Malaysia. Dlm. Cushman & Wang Gungwu (pnyt). *Changing Identities of the Southeast Asian Chinese Since World War II*: 61 - 73. Hong Kong University Press.

Tan Chee Beng. 1991. Pembangunan bangsa dan identiti orang Cina di Malaysia. Dalam Cushman dan Wang Gung Wu (pnyt). *Perubahan Identitas orang Cina di Asia Tenggara*, 189 - 223. Jakarta: PT Pustaka

Tan Liok Ee. 1988. Chinese Independent Schools in West Malaysia: Varying Schools Responses to Changing Demands. Dlm. Cushman & Wang Gungwu (pynt). *Hanging Identities of the Southeast Asian Chinese Since World War II*: 61 - 73. Hong Kong University Press.

Tan Liok Ee. 1991. Sekolah Berbahasa Pengantar Cina Mandirin di Malaysia Barat. Dalam Cushman dan Wang Gung Wu (pnyt). *Perubahan identitas orang Cina di Asia Tenggara.* hlm. 83 - 101. Jakarta: Pt Pustaka Utama.

Tan Liok Ee. 1992. Dongjiaozong and The Challenge to Cultural Hegemond 1951 - 1987, dalam Fancis Loh Kok Wah & Joel S. Kahn (pnyt). *Fragmented Vision: Culture and Politics in Contemporary Malaysia.* Sydney: Allen & Unwin Pty. Ltd.

Tan Liok Ee. 1997. *The Politic of Chinese Education in Malaya*, 1945 - 1961. Kuala Lumpur: Oxford University Press.

Tan Yao Sua, 2005. *Politik Dong Jiao Zong dalam Pendidikan Vernakular Cina di Semenanjung Malaysia* (1960 - 1982). Pulau Pinang: Penerbit Universiti Sains Malaysia.

Wan Hashim Wan The. 1983. *Race Relations in Malaysia.* Petaling Jaya: Heinemann Educational Books (Asia) Ltd.

Yap Sin Tian. 1992. *The Chinese School of Malaysia: Towards The Years* 2000. Kuala Lumpur: Dong Zong.

Ang Ming Chee. 2014. *Institutions and Social Mobilization: The Chinese Education Movement in Malaysia*, 1951 - 2011. Singapore: Institute of Southeast Asian Studies.

Asmah Hj. Omar. 1976. *The Teaching of Bahasa Malaysia in the Context of National Language Planning.* Kuala Lumpur: Dewan Bahasa dan Pustaka.

Chai Hon - Chan. 1977. *Education and Nation - Building in Plural Societies: The West Malaysian Experience.* Development Studies Centre Monograph No. 6. Canberra: The Australia National University.

Dong Zong, 2017. *Huajiao Daobao* (*Chinese Education Bulletin*). Kuala Lumpur: UCSCA.

Federation of Malaya, 1956. *Report of the Education Committee 1956*. Kuala Lumpur: Government Press.

Ghosh, B. N. 1998. *Malaysia: The Transformation Within – A Socioeconomic Perspective*. Petaling Jaya: Longman.

Jiao Zong Jiaoyu Yanjiu Zhongxin. 1989. *Xiaoxing Huaxiao Wenti* (The Problems of Under-enrolled Chinese Primary Schools). Kuala Lumpur: UCSTA.

____. 1992. *Huigu yu Shengsi: 1991nian Jiaoyu Keti ji Jiaoyu Tongji Ziliao* (*Recall and Rethink: 1991 Educational Issues and Data*). Kuala Lumpur: UCSTA.

Jiao Zong Tiaocha Yanjiu ji Zixunzu (UCSTA Survey, Research and Information Unit), ed. 2009. *Huaxiao Jianxiao, Qianxiao he Weixing Huaxiao Ziliaoji* (*Compilation of Information on the Building and Relocating of Chinese Primary Schools, and Under-enrolled Chinese Primary Schools*). Kajang: UCSTA.

Kementerian Pelajaran Malaysia (Ministry of Education Malaysia), 1983. *Kurikulum Baru Sekolah Rendah: Matlamat, Rasional, Bidang Pelajaran, Strategi Pengajaran dan Pembelajaran* (New Primary School Curriculum: Objective, Rationale, Subject Matter, Teaching and Learning Strategy). Kuala Lumpur: Dewan Bahasa Pustaka/Kementerian Pelajaran Malaysia.

Kementerian Pendidikan Malaysia (Ministry of Education Malaysia), 2006. *Rancangan Malaysia Ke – 9: Pelan Induk Pembangunan Pendidikan 2006 – 2010* (Ninth Malaysia Plan: Education Development Master Plan 2006 – 2010). Putrajaya: Bahagian Perancangan dan Penyelidikan Pendidikan, Kementerian Pendidikan Malaysia.

Lee Hock Guan, 2012. Education of the Chinese in Malaysia. In *Malaysian Chinese: Recent Developments and Prospects*, edited by Lee Hock Guan and Leo Suryadinata, pp. 166 – 192. Singapore: Institute of Southeast Asian Studies.

Lee Ting Hui, 2011. *Chinese Schools in Peninsular Malaysia: The Struggle for Survival*. Singapore: Institute of Southeast Asian Studies.

Lim Hin Fui and Fang Tian Yan. 2005. *Malaixiya Xincun: Maixiang Xinlucheng* (*Malaysian Chinese New Villages: Moving Ahead*). Kuala Lumpur: Institute of Strategic Analysis and Policy Research.

Loh Kok Wah. 1984. The Socio – economic Basis of the Ethnic Consciousness: The Chinese in the 1970s. In *Ethnicity, Class and Development Malaysia*, edited by S. Husin Ali, pp. 93 – 112. Kuala Lumpur: Malaysian Social Science Association.

Ministry of Education Malaysia, 2013. *Malaysia Education Blueprint 2013 – 2015* (*Preschool to Post – secondary Education*). Putrajaya: Ministry of Education Malaysia.

Nanyang Siang Pau (南洋商报), 24 July 1988.

Poon Wai Ching, 2008. *Malaysian Economy*, 2nd ed. Petaling Jaya: Prentice Hall.

Saw Swee-Hock, 2015. *The Population of Malaysia*, 2nd ed. Singapore: Institute of Southeast Asian Studies.

Tan Liok Ee, 1988. Chinese Independent Schools in West Malaysia: Varying Responses to Changing Demands. in *Changing Identities of the Southeast Asian Chinese since World War II*, edited by J. W. Cushman and Wang Guangwu, 61–74. Hong Kong: Hong Kong University Press.

____. 1997. *The Politics of Chinese Education in Malaya, 1945–1961*. Kuala Lumpur: Oxford University Press.

Tan Yao Sua and R. Santhiram. 2010. *The Education of Ethnic Minorities: The Case of the Malaysian Chinese*. Petaling Jaya: Strategic Information and Research Development Centre.

____. 2014. *Educational Issues in Multiethnic Malaysia*. Petaling Jaya: Strategic Information and Research Development Centre.

Tay Lian Soo（郑良树）. 2001. *Malaixiya Huawen Jiaoyu Fazhanshi* (*Historical Development of Chinese Education in Malaysia*). Kuala Lumpur: UCSTA.

Tey Nai Peng. 2004. Causes and Consequences of Demographic Change in the Chinese Community in Malaysia. in *The Chinese Population in Malaysia: Trends and Issues*, edited by Voon Phin Keong, pp. 15–48. Kuala Lumpur: Centre for Malaysian Chinese Studies.

____. 2006. Population and Development Trends. In *Our People Our Future: Malaysian Population in Perspective*, edited by Wong Yut Lin and Tey Nai Peng, pp. 7–28. Kuala Lumpur: University Malaya Press.

Yap Sin Tian（叶新田）(2013)《*Jiaoyu Dalantu*》*Yinying xia de Huajiao Kangzheng Yundong*（《教育大蓝图》阴影下的华教抗争运动）(*The Threat Posed by the Education Blueprint to the Chinese Education Movement*). Kuala Lumpur: Yap Management & Consultancy.

马来西亚闽南人的民间信仰

(马来西亚)廖文辉[*]

摘　要： 马来西亚闽南人热衷于民间信仰，这与福建原乡从府州县到乡村皆有各自或若干特定的神灵崇拜有关，神祇众多，同时也千差万别。马来西亚闽南人的民间信仰大体可以分为两类：一类为超越方言群的全国性神祇，如观音菩萨、土地神和关帝信仰；另一类为奉迎自家乡的祖神或守护神，如法主公、广泽尊王、清水祖师、保生大帝、惠泽尊王、开漳圣王、灵安尊王和王爷信仰。同时马来西亚闽南人的民间信仰呈现三个在地特色：第一，与其他不同地区、方言群体的神祇共同奉祀；第二，信徒不再局限于闽南人群体；第三，民间信仰不仅是让人们祈求平安、寻求心灵慰藉和祭拜神明，而且还肩负着一定的社会功能，分担了马来西亚华人社会的职能。

关键词： 马来西亚　闽南人　民间信仰　神灵崇拜

一　前言

马来西亚到底有多少间神庙，恐怕是个难以回答的问题。马来西亚华人热衷于宗教信仰，尤其是民间信仰，马来西亚华人神庙遍布各地，从繁华的大城市到穷乡僻壤，几乎无处不在。除了少部分有注册立案、历史悠久、规

---

[*] 廖文辉，博士，马来西亚新纪元学院中文系副教授。

模较大的神庙之外,还有很多属于住家形式或在路旁大树,没有注册立案,不受政府承认,由民间自行设立的淫祠。

马来西亚华人的这些民间信仰由于数量繁多、分布零散和体系杂乱,因而无法掌握其具体数据,增加了研究上的难度。例如,对于在马来西亚信徒众多的妈祖信仰,两辑《马来西亚天后宫大观》也不过整理出 46 间妈祖庙,但妈祖文化研究中心主任估计马来西亚全国有大约 150 间天后宫,两者之间的数据差距极大。[1] 此外,有许多神庙是由个人远渡重洋将神像金身或分香带来,暂时安置家中,然后才移至简陋小庙,并在这个基础上渐次发展扩建。这些庙宇的早期历史,随着第一代创庙人过世,加上神庙组织不似各地缘和血缘会馆皆有出版纪念特刊,得以完整保留文献史料,无形中许多事迹也逐渐湮灭,不留痕迹,不少神庙甚至无法追溯其分香何处。

目前以马来西亚民间信仰为研究对象的成果,主要有三种。第一种是以某一特定的神庙为对象,进行细致全方位的研究。[2] 第二种是以某一特定神祇为研究对象,如妈祖、清水祖师、广泽尊王、保生大帝、阮梁圣公等。[3] 第三种是以某一区域的民间信仰为研究对象。[4]

民间信仰一般皆归入道教体系,但又与道教信仰有别,即便如此,民间信仰仍有自身的分类系统,在《闽南民间信仰》一书中,作者将民间信仰分为八大类,即自然山川信仰、生育女神信仰、冥厉瘟神信仰、禅道神仙信仰、忠义圣贤信仰、水神海神信仰、医神信仰、财神戏神信仰。[5] 也有人将

---

[1] 苏庆华、刘崇汉编《马来西亚天后宫大观(第二辑)》,吉隆坡:雪隆海南会馆妈祖文化研究中心,2008,第 5 页。
[2] 曾衍盛:《马来西亚最古老的庙宇——青云亭个案研究》,马六甲:青云亭,2011;苏庆华:《保生大帝信仰与马六甲华人社会——以板底街湖海殿为例》,《马新华人研究——苏庆华论文选集(第二卷)》,雪兰莪:联营出版有限公司,2010,第 189~218 页。
[3] 以上各相关神祇的研究,这里不一一详列,可参见下文论述所征引参考资料。
[4] 朱金涛:《吉隆坡华人寺庙之研究》,《南洋学报》第 47~48 卷,1992/1993;苏庆华:《槟城的先天道支派——归根道初探》,《马新华人研究——苏庆华论文选集(第三卷)》,雪兰莪:联营出版有限公司,2010,第 1~34 页;苏庆华:《马、新两国的九皇大帝信仰概述》,《马新华人研究——苏庆华论文选集(第三卷)》,第 190~202 页。
[5] 连心豪、郑志明主编《闽南民间信仰》,福建人民出版社,2008。

其简化为自然信仰、祖先信仰、道教俗神信仰、佛教俗神信仰、功臣圣贤信仰、瘟神与王爷崇拜等六类信仰。① 但这种依据神祇性质分类的方式进入马来西亚以后，却无法显现本土民间信仰的特色。中国南方，尤其是福建，其区域与宗族色彩浓厚，在马来西亚由于各方言群体混居，神祇间的方言色彩已不明显，不易区分哪一神祇为某一方言群所独有。例如，妈祖信仰本为福建四大信仰之一，进入马来西亚以后则成为海南人的普遍信仰。为此，马来西亚闽南人民间信仰的神祇应分为如下两大类。第一类为超越方言群的全国性神祇，这类神祇又可细分为两类，即源自中国的神祇，如观音菩萨、佛祖、大伯公、妈祖、关圣帝君、齐天大圣、哪吒三太子、三忠公等，以及产自本土的神祇如拿督公、仙师四爷、刘善邦等。第二类为各方言群及宗族团体奉迎自家乡的祖神或守护神，如客家人的三山国王和谭公；福建人的保生大帝、清水祖师和开漳圣王等；广东人的冼太夫人；海南人的水尾圣娘。②

马来西亚闽南人热衷民间信仰，与福建原乡从府州县到乡村皆有各自或若干特定的神灵崇拜有关，神祇众多，同时也千差万别。③ 目前马来西亚闽南人民间信仰的大部分神祇都源自福建。第一类的神祇基本被其他各方言群体所接受，方言边界不明显，情况较为复杂。马来西亚闽南人一如其他方言群体，同时祭拜这类神祇，这里只能综合现有的研究成果加以论述。如果要整理马来西亚闽南人的民间信仰应该从第二类着手，也较能具体和清楚地加以论述。以下本文将尝试从这两个方向进行分析论述。

二 闽南人信奉之超越方言群的全国性神祇

（一）观音菩萨信仰

首先，必须要澄清的是，这里所谓的观音菩萨信仰，主要是指民间佛

---

① 林国平：《闽台民间信仰源流》，幼狮文化事业股份有限公司，1996，第34~128页。
② 〔澳〕颜清湟：《新马华人社会史》，粟明鲜等译，中国华侨出版公司，1991，第13~14页。
③ 林国平：《闽台民间信仰源流》，第34~128页。

教,这还包括了佛祖和弥勒佛信仰等,但这并不意味这些佛教信仰不属于正统佛教,事实上民间佛教也是构成"多元佛教"的一部分,由于它们涉及民间信仰的习俗,如抽签、扶乩、飞鸾或焚烧冥纸等活动,① 故此将之归入民间信仰的部分来讨论。

观音菩萨是华人社会里流传最广的神祇,家喻户晓,深入民心。观音菩萨信仰传自印度,其形象在宋代慢慢转为女性,成为救苦救难、普度众生的神祇。观音菩萨信仰在马来西亚的普及程度几乎已经到了只要华人家中有安置神龛,就供奉观音菩萨的神像或画像。

谈到马来西亚的观音菩萨信仰,当数创建于1673年的马六甲青云亭历史最为悠久,远近驰名。青云亭的创建人,目前较为一般学界接受的是郑启基(1632—1677年)和李为经(1612—1688年),郑启基可能是马六甲第二任甲必丹,福建漳州人,李为经则是银同鹭江人。青云亭的六任亭主皆为闽南人,南安、漳浦各一人,永春四人。至于"四大理"② 时期青云亭的正、副主席和成员,以福建籍华人为主,在总数19人中只有3位客籍华人和2位琼籍华人,客家人和海南人的介入是极为少数的现象,故此可以判定青云亭是一间以闽南人为主的庙宇。③

此外,还有一间坐落于巴生的观音亭。巴生是马来西亚尽人皆知的闽南市镇,那里的美食肉骨茶更是家喻户晓。巴生的观音亭,历史也相当悠久,创建于1892年,供奉观音菩萨、妈祖和张公圣君,历史最为悠久的观音圣像是从永春漂洋过海而来的。观音亭也是巴生最古老的庙宇,是当时人们祈求平安和聚会联络感情的地方。观音亭的理事会是由19个乡团代表联合组成的,其中闽籍乡团13个、客籍乡团2个、粤籍乡团2个、琼籍和潮籍乡团各1个,而13个闽籍乡团中,闽南乡团就占了11个。再看看从1950年

---

① 许源泰:《沿革与模式:新加坡道教和佛教传播研究》,新加坡:新加坡国立大学中文系、八方文化,2013,第10~11页。
② "四大理"(Standing Committee)制度是亭主制度以后青云亭所实行的管理制度。
③ 曾衍盛:《马来西亚最古老的庙宇——青云亭个案研究》,马六甲:青云亭,2011,第19、30~42页。

第一届理事会以来的 30 届理事会主席，都是由巴生福建会馆和雪兰莪诏安东山会馆的代表担任。① 可见这是一间由闽南人管理的庙宇。

此外，以观音菩萨为主祀神祇的槟城广福宫，是由闽粤人士共同创建的，是跨帮群的庙宇之一。广福宫创建于 1800 年，已经有超过 200 年的历史。依据张少宽的研究，广福宫创建初期是由闽帮人士主导的，甚至开放其领导层于槟榔屿以外，如马六甲的闽帮社会领袖的参与，后来随着日益复杂的社会环境，迫使闽帮人士广开门户，容纳广帮人士来共同协调，解决纠纷。②

（二）土地神信仰

骆静山将马来西亚闽南人民间信仰的土地神形象形容为拓荒者的守护神，这主要与华人早期披荆斩棘，从马来西亚沿海向内陆发展有关。土地神的名称很多，有"福德正神"、"大伯公"、"本头公"和"拿督公"等。中国的土地公有坛无屋，但在马来西亚则家家户户皆将其安奉在家中香案底下，并且进入寺庙宗祠和众神分享人间香火。③ 由于土地神的位阶在众多神祇中较低，在中国大陆和台湾以之为主祀的庙宇实属罕见，但在马来西亚主祀土地神的庙宇相当普遍，有的香火鼎盛，规模宏伟。最为有名的当数"大伯公"神庙，尤其在东马，有登记的主祀"大伯公"的神庙多达 50 间，④ 其中又以诗巫永安亭大伯公庙最为知名。在永安亭大伯公庙的积极推动下，"大伯公"信仰甚至已经成为民间信仰的一个重要支系。由于客家人主要生活在马来西亚内陆，有不少人从事开矿工作，所以客家人大多信仰

---

① 作者不详《巴生观音亭·沧桑话百年》，《慈悲》2011 年第 76 期，第 18 页；《百年功德：巴生五条路观音亭 120 周年暨修建竣工纪念特刊（1892～2101）》，未出版。
② 张少宽：《槟榔屿华人史话续编》，槟城：南洋田野研究室，2003，第 126～128 页。高丽珍：《"神道设教"与海外华人地域社会的跨界与整合：马来西亚槟城的实例》，《台湾东南亚学刊》2010 年第 7 卷第 1 期，第 84～89 页，有很清晰的分析，可以参看。
③ 骆静山：《槟城华人宗教的今昔》，槟榔屿华人事迹研讨会，槟城古迹信托会主办，2002 年 1 月 5～6 日。
④ 陈亚才：《马来西亚大伯公信仰概略》，载蔡宗贤编《神缘：砂拉越大伯公庙资料汇编》，诗巫：永安亭大伯公庙，2010，第 167 页。

"大伯公",甚至还有在地的大伯公神衹,如槟城的张理、砂拉越的刘善邦和仙四师爷。① 然而,对大伯公的信仰,不以客家人为限,闽南人在这方面的表现更为热衷。有学者已经指出砂拉越江河流域的大伯公庙,如古晋寿山亭、诗巫永安亭、沐胶泰山亭(1879年)和加帛福隆亭,从创办人到领导层,多数由漳泉民系的闽南人主导和负责,即便现今已有其他民系的加入,但理事会基本仍以漳泉民系领导人来担任。② 具体地说,在砂拉越的大伯公庙宇的组建,一般由福建公司提议建造,由商家出资,或在土产收益中抽取一定比例,这些出资的参与者无疑就是漳泉民系的闽南人。③

上述四间砂拉越的大伯公庙,要以古晋寿山亭的历史最为悠久,估计在1800年以后即创庙,并在1856年进行第一次大规模的整修工作,接着分别于1863年和1880年进行第二次和第三次整修。砂拉越最为著名的大伯公庙是诗巫永安亭,建庙于1871年,并于1897年整修。至于沐胶泰山亭和加帛福隆亭则分别于1879年和1898年建成。④

如果要论及马来西亚闽南人的大伯公信仰,就不能不提建于1874年的槟榔屿"建德堂",它是以信仰大伯公为纽带的秘密会社,也被称为"大伯公会"。建德堂一如其他秘密会社,以济贫扶弱、患难与共为宗旨,满足了当时闽南籍移民的精神和物质需求,逐渐成为闽南商人阶级和下层小商贩、文员和农工艺匠等的会社,并成为当时泉漳豪族对抗粤籍人的义兴公司。在1880年英国殖民地政府严厉取缔下,才结束其活动,并另组宝福社来奉祀建德堂的大伯公。⑤

---

① 张维安、张容嘉:《马来西亚客家族群信仰》,载萧新煌编《东南亚客家的变貌:新加坡与马来西亚》,台北:中研院人社中心亚太区域研究专题中心,2011,第352~359页;陈波生、利亮时:《客家人与大伯公的关系——以新马为例》,载徐雨村编《族群迁移与宗教转化:福德正神与大伯公的跨国研究》,新竹:清大人文社会学院,2012,第23~31页。
② 吴诗兴:《传承与延续:福德正神的传说与信仰——以马来西亚华人社会为例》,诗巫:砂拉越诗巫永安亭大伯公庙,2014,第75~76、82~88、199~200页。
③ 徐雨村:《南洋华人民间宗教的传承与展望——以大伯公信仰为例》,载徐雨村编《族群迁移与宗教转化:福德正神与大伯公的跨国研究》,第130页。
④ 吴诗兴:《传承与延续:福德正神的传说与信仰——以马来西亚华人社会为例》,第189~200页。
⑤ 《槟榔屿本头公巷福德正神庙修复竣工纪念特刊》,槟城,2007,第33~35页。

然而，槟城最早的大伯公庙是海珠屿大伯公庙，此庙长期以来被定位为客籍神庙，是否确实，颇有争议。学者皆认为这不仅涉及百年古庙主权的争议，也涉及哪一方民系最早开拓槟榔屿的历史问题。① 无论如何，每年农历正月十五子时的请火仪式，却是晚近槟城福建人借由大伯公进香活动展现的"文化创意"。请火的目的在于通过大伯公庙中燃起的三道炉火火势的大小来预测来年经济景气程度的一种仪式，在这个仪式中，"不但联系了旗下既有事业伙伴，彰显了福建公司的文化传承，也选在上元节月圆之夜子时满潮时刻，关起庙门进行神秘仪式，撷取了原本属于惠州、嘉应、增城、永定、大埔五属客家的海珠屿大伯公，提高景气预测的权威性……发挥神道对马华社会的不朽影响力"②。

相较于大伯公信仰，拿督公信仰更为普遍，不论通衢小巷，皆可见其踪影，而且大部分皆有庙宇安奉，但拿督公在众多神祇中位阶较低，管理的辖境较小，③ 故此目前还没有发展出像大伯公信仰般的体系。拿督公信仰源于华人将原有土地神信仰融入马来人信仰中的穆斯林"圣墓"（tombs of Muslim saints）守护灵（Keramat），以及传统上对自然界所产生的庶物崇拜等因素而形成的一种具本土色彩的独特信仰，一般认为拿督公是由马来人的穆斯林转化成的神明。④以下试以闽南村落班达马兰为例，说明拿督公信仰的普遍性。

巴生是马来西亚神庙密度极高的华人城镇，据不完全的统计，巴生共有600多间华人庙宇，而其县属的班达马兰新村，庙宇数量是全巴生之冠，共有90多间。《走进巴生神庙——巴生港口班达马兰新村庙宇文化初探》一

---

① 吴诗兴：《传承与延续：福德正神的传说与信仰——以马来西亚华人社会为例》，第174~177页。
② 高丽珍：《"神道设教"与海外华人地域社会的跨界与整合：马来西亚槟城的实例》，《台湾东南亚学刊》2010年第7卷第1期，第103~104页。
③ 郑志明：《客家社会大伯公信仰在东南亚的发展》，《华侨大学学报》（哲学社会科学版）2004年第1期，第64~74页。
④ Tan Chee Beng, "The Study of Chinese Religion in Southeast Asia: Some Views," *Southeast Asia Chinese: The Socio-Cultural Dimension*, Singapore: Times Academic press, 1995, pp. 155-156, 转引自林水檺等编《马来西亚华人史新编（第三册）》，吉隆坡：马来西亚中华大会堂总会，1998，第431页。

书中拣选了 40 间历史较为久远、规模较大和较有代表性的神庙加以介绍。①值得注意的是，有将近 1/4 的神庙属拿督公庙，比佛寺还多，远远超出各类单一神祇的神庙。除却 2 间真空道堂和 3 间佛寺，以及 2 间没有祭拜拿督公的民间信仰神庙外，其他 33 间神庙皆有祭拜拿督公，可见拿督公的信仰在闽南人社会的深入民心和广泛影响。事实上，这也从另一个侧面显示了马来西亚的华人信仰并非中国祖籍地的简单移植，而是在本土变迁中经历着一个传承与变异共存的再生与重构过程。下面的解释，无疑是最佳的说明。

> 从"拿督"到"拿督公"的演变，应是起源于马来人先遗弃本身的地域神灵信仰，尔后才被奉祀多元神神明文化的华人社会所继承，并且重新整合马来地方信仰、伊斯兰信仰及华人宗教对地域崇拜、圣迹显灵及土地神灵信仰的多元性概念，最后才创造出符合华人移民宗教经验与地方开垦所需的本土化神明。②

而这无异于拿督公信仰的汉化创造。③

（三）关帝信仰

关帝信仰是马来西亚华人社会的另一个极为普遍的信仰，关公忠勇好义的人格特质随着《三国演义》而广泛流传。这种人格特质对一个律法尚未完备、讲究互信的移民社会而言，无疑有其重要性。马来西亚华社不仅将关公视为保护神，也视其为财神，故此民间供奉关帝圣君之风极盛。④据《近代的关帝信仰与经典：兼谈其在新、马的发展》一书在马来西亚和新加坡各地的田野调查整理，以关帝为主祀神祇的神庙，共有 16 间，新加坡 3 间，

---

① 刘崇汉编《走进巴生神庙——巴生港口班达马兰新村庙宇文化初探》，新纪元学院，2014。
② 吴诗兴：《传承与延续：福德正神的传说与信仰——以马来西亚华人社会为例》，第 152 页。
③ 吴诗兴：《传承与延续：福德正神的传说与信仰——以马来西亚华人社会为例》，第 149 页。
④ 张维安、张容嘉：《马来西亚客家族群信仰》，载萧新煌编《东南亚客家的变貌：新加坡与马来西亚》，第 345 页。

马来西亚13间。① 在马来西亚和新加坡，关帝庙宇主要分为三类。第一类是庙宇会馆结合体，即在会馆内部另外开辟一个空间安奉关帝的神龛，只供会馆同人奉祀。这类关帝庙宇的形式出现较早，大约在19世纪初期已经出现，而且都是附属于粤籍和客籍的会馆。第二类出现于20世纪50年代前后，它们是主祀关帝并借助扶鸾书写善书以劝世的关帝庙宇，共有3间。第三类是强调公益慈善事业与社会服务类型的关帝庙宇，其运作模式较世俗化，以符合现代都市的需要。闽南人祀奉的关帝庙主要属于后面两类。第二类共有3间，这3间皆是安溪传入马来西亚的直系神庙或分炉神庙。第一间是吉隆坡鹅麦县（Gombak）的"聚仙庙"，是直系自安溪"聚星楼"；第二间是吉隆坡巴生路（Klang Road）的"镇南庙"，分香自"聚仙庙"；第三间是吉隆坡怡保路（Ipoh Road）华丽镇的"聚星堂"，分香自"镇南庙"。第三类关帝庙宇有距离柔佛首府新山约10公里的"澹怀关帝庙"，香火也源自福建安溪。②

三 闽南人奉迎自家乡的祖神或守护神

目前在马来西亚较广为人知的闽南神祇计有法主公、清水祖师、保生大帝、广泽尊王、惠泽尊王等，至于各信仰在全马来西亚有多少庙宇，恐怕没有具体的数据。目前较有系统地对全马来西亚范围内的神庙进行注册登记的是"AngKongKeng.com"网站，这是马来西亚目前唯一的双语神庙资讯网。网站自2012年12月1日推介以来，全马来西亚各地的神庙即陆续地加入网站的阵容，使神庙的数据日趋丰富和完整，有关负责人甚至希望此网站能成为国际品牌。③ 下文中各闽南神祇的整理论述除了依据此网页的信息之外，也有此网站上所没有的资料。需要说明的是，本文的研究重点对象是庙宇的

---

① 王见川、苏庆华、刘文星编《近代的关帝信仰与经典：兼谈其在新、马的发展》，博扬文化事业有限公司，2010。
② 苏庆华：《马新华人研究——苏庆华论文选集（第三卷）》，第324~334页。
③ 《光华日报》2012年12月1日。

主祀神祇，如果是副祀或陪祀地位的神祇，则不在本文论述范围内。另外，部分马来西亚的祠堂和会馆都会将乡土神祇供奉在内，除极少部分的祠堂和会馆之外，一般都不对外开放，仅供本族或同人祭拜，这些都不在本文论述范围内。

（一）法主公

法主公是永春人广泛信仰的神祇。法主公为道教闾山派道士，名张圣君，号慈观，民间尊称为"张公圣君"，明正德皇帝敕封其"法主"神号。传说在南宋乾道四年（1168年），张圣君在石鼓岩修炼时遥见鬼魅强抢民女成亲，他仗义行道，受困于石壶洞，遭火焚七昼夜，以致发散脸黑，只好念咒招来两位同门助阵，三人合力，终于制服由螃蟹精变化的五通鬼，并收服其他蛇精树怪，同时预定石牛山为身后福地。南宋淳熙九年（1182年）至十五年（1188年），三人相继羽化，当地信士遂鸠工始建石壶洞宇。之后，张公圣君的香火遍传闽中、闽南和闽北各地，[①] 并随着永春人大量移民南洋而传入马来西亚。

马来西亚的福建籍华人约有200万人，其中福建籍永春人就有60万人，超过马来西亚福建籍总人口的1/4。全马来西亚的闽南地缘会馆约130间，其中34间为永春会馆，在比例上也占了1/4强。法主公即为永春人普遍信仰的神祇，依据前述网站的资料，截至2014年2月（以下各民间信仰神庙的信息亦以此为准），共有66间法主公神庙，其中雪兰莪州52间、马六甲州7间、霹雳州3间、槟城2间、森美兰州和吉打州各1间。

在雪兰莪州的法主公庙计有：沙白安南河边街天福宫（1890年）、瓜拉冷岳福寿宫（1897年）、适耕庄天福宫（1945年）、巴生中路六支八宝宫（1949年）、巴生天云宫（1950年）、巴生中路张圣宫（1951年）、巴生加埔路十二支三福宫（1953年）、巴生直落昂福灵宫（1953年）、巴生港口福进宫（1954年）、巴生中路六支福天宫（1956年）、巴生加埔路一支川童宫

---

① 连心豪、郑志明主编《闽南民间信仰》，第84~85页。

(1961年)、巴生永安园电线路顺福宫（1962年）、巴生中路一支巴生园南天宫万寿坛（1968年）、巴生加埔路六哩张福宫（1968年）、沙白安南天福宫（1970年以前）、万津福圣宫（1973年以前）、大港福顺宫（1973年）、丹绒加弄六支玉皇太子殿（1973年）、雪兰莪沙沙兰天圣宫（1975年）、巴生张天宫（1980年）、巴生班达马兰二区天和宫（1982年）、巴生直落玻璃河边路天福宫（1982年）、而榄洪公宫（1983年）、巴生加埔云天宫（1985年之前）、巴生班达马兰一区尾张公坛（1985年）、万津新邦干宗福禄洞宫（1988年）、巴生双溪槟榔二支半马山灵宫（1991年）、巴生永安镇二副天福宫（1992年）、巴生中路六支半英雄花园圣福宫（1993年）、巴生圣淘沙石壶宫（1993年）、而榄福顺宫（1995年）、巴生直落玻璃东圣殿（1995年以前）、马六甲北圣宫（1996年）、巴生中路一支巴生园岩法坛（1998年）、巴生圣淘沙北主宫（1999年）、巴生中路六哩威灵宫（2000年）、仁嘉隆天福宫（2004年之前）、巴生昆仑坛（2005年）、万津罗汉宫（2008年之前）、巴生中路六支天圣宫（2008年），以及三间创庙年份不明的仁嘉隆显威灵、丹绒士拔石云宫、而榄天德宫。

在马六甲州则有武吉峇汝金沙宫（1827年）、广山宫（1946年）、青山宫（1966年）、忠灵宫（1983年）、石云洞（1983年），以及创庙年份不明的帆加南马板底清灵宫。在霹雳州则有怡保兵如港显应坛（1963年）、怡保狮尾顺天宫（1980年）和怡保三灵宫（1995年以前）。在槟城则有大山脚安宁园龙川坛（1991年）和创庙年份不明的丹绒武雅石牛洞玄圣堂。森美兰州有波德申石云洞（1978年），吉打州有居林法主圣君济公先师（1983年以前）。

以上数据显示，法主公信仰在雪兰莪州很盛行，而且主要集中在巴生市周边的村镇，这些地区恰好是早期永春人南来落户的所在，这些地区成为永春人的一个大本营。而拥有将近一半数量永春会馆的柔佛，如麻坡和昔加末等永春人较为集中的地区，却没有任何有关法主公神庙的资料，笔者推测应该是没有将相关资料放在上述网站，不过这些地区即使有法主公的神庙，但在数量上应该没有雪兰莪州那样多。

（二）广泽尊王

广泽尊王原名郭忠福，又称保安尊王、郭圣王、郭王公，安溪清溪人，一说南安诗山人，生于后唐同光元年（923年），小时家贫，为人牧牛，侍奉双亲至孝。后晋天福二年（937年）坐化，乡人念其至孝，在郭山下立庙祭祀。郭忠福成神后，百姓赋予他各种职能，几乎无所不能，其最为著名的庙宇当数南安凤山寺，分灵颇多，遍布闽台，远至东南亚。①

尊奉广泽尊王的寺庙不少，就目前所知共40间，其中19间在槟城，9间在雪兰莪州，3间在吉隆坡，砂拉越、登嘉楼、玻璃市、吉打、霹雳、森美兰、马六甲、柔佛和纳闽各1间。依据所在州属和创庙年份排序分别是：槟城的日落洞麒麟岭凤山寺（1805年）、高渊凤山寺（1885年）、湾岛尾凤山寺（1895年）、日落洞怡和园天龙宫（1932年以前）、乔治市清风坛（1953年以前）、日落洞柴埕凤山宫（1960年以前）、姓郭桥头凤山宫（1963年）、乔治市净显宫（1967年以前）、乔治市明显宫（1972年以前）、乔治市凤武宫（1972年以前）、乔治市跑马园凤凰宫（1972年）、日落洞凤山坛（1976年）、北海甘榜孟加里凤山殿（1978年以前）、北赖才能园凤山寺东旺宫（1978年以前）、日落洞大路后龙凤宫（1980年以前）、日落洞天灵宫（1984年以前）、峇东凤山寺灵应堂（1995年）、日落洞天灵殿（1999年以前）、大山脚山脚镇进达园龙凤宫（2003年）；雪兰莪州的是双文丹福灵宫（1869年）、巴西不南邦凤山寺（1889年）、加影凤山寺（1953年以前）、巴生直落玻璃凤山寺（1953年）、乌鲁冷岳凤山寺（1961年）、八打灵再也山云宫（1963年）、巴生加埔路二支凤山寺（1981年）、巴生港口凤山寺（1982年）、适耕庄广泽尊王坛（2007年）；吉隆坡的增江北区凤山寺（1957年）、增江龙山宫（1964年）、甲洞天灵宫（建造年份不详）；马六甲的凤山宫（1950年）；其他还有霹雳安顺福顺宫（1845年）、砂拉越古晋花香街凤山寺（又名圣王庙，1848年）、纳闽威镇庙（1893年）、玻璃市加央保安宫（1895年）、森美兰波德申芦骨凤山寺

---

① 连心豪、郑志明主编《闽南民间信仰》，第128~130页。

(1913年以前)、登嘉楼瓜拉登嘉楼凤山寺(1926年)、柔佛凤山寺圣法堂(1986年)和吉打五通财坛(2004年)。

从上述的资料可知,最早的凤山寺是创建于1805年的槟城日落洞麒麟岭凤山寺,目前仅知此庙是由南安、永春和安溪三地的华侨所建,其他资料不详。其他出现于19世纪,有资料可查的广泽尊王寺庙是霹雳安顺福顺宫、砂拉越古晋花香街凤山寺和高渊凤山寺。

福顺宫创立于1845年,是当地最古老的华人庙宇,相传是由南安或安溪移民所创,从一个神龛逐渐发展为一间庙宇,成为早期当地华人联系祈福的活动中心。福顺宫是由福建社群兴办和管理的,当地人也称之为福建庙,但信众则不限于福建人,而福顺宫的东禅房曾改为福建公所,是安顺福建人的公会。① 古晋凤山寺为古晋福建公会属下的庙宇,位于花香街与友海街的交界处,拥有一个主庙、一个侧庙和一个与主庙相对的戏台,整座庙宇的占地面积为8000多平方米。这座古庙始建于何时,无从考证,据说早在第一代拉惹时代(1848年)就以小庙的形式出现在现有的地点。清光绪二十三年(1897年)凤山寺曾进行重修改建,出资的人都是当时古晋福建属商界的翘楚。② 高渊凤山寺,1885年海澄县人林福星自中国南安凤山寺奉请广泽尊王金身及香火南来,③ 并将之安放于一木雕神龛中祭祀,是为广泽尊王分香高渊之始。由于信众人数越来越多,广泽尊王逐渐成为高渊及其附近地区闽南人的精神纽带。战后由于香火鼎盛,实有觅地建庙的必要,故此在多方努力下,广泽尊王庙终于在1965年建成。④

(三)清水祖师

清水祖师信仰是福建早期四大信仰之一(另外三个为妈祖、保生大帝

---

① http://chingseng.blogspot.com/2011/11/blog-post_21.html,最后访问日期:2014年3月25日。
② http://www.nanchens.com/hss-szhkmo/hss08/hss0703.htm,最后访问日期:2014年3月12日。
③ 双文丹福临宫又名圣王宫,庙内供奉的广泽尊王也是分香自南安凤山古刹。
④ 《高渊凤山寺庆祝广泽尊王奉祀一百周年纪念特刊》,高渊凤山寺广泽尊王理事会,1985,第28~29页。

和广泽尊王信仰），最初只在安溪传播，后来遍布闽南，随着华人移民南渡，在19世纪以后成为东南亚华人的信仰之一。① 清水祖师名普足，俗姓陈，永春人，幼年出家，持斋戒杀。年长结庵高泰山，并进山参拜明松禅师。业成辞归，他祈雨禳旱，施医济药，修桥造路，为民众所敬仰。宋元丰六年（1083年），清溪（今安溪）大旱，他前去祈雨，并在乡人挽留下，驻锡张岩，因此处清泉不竭，故易名为"清水岩"。宋建中靖国元年（1101年）清水祖师坐化，乡人将之安葬于岩后，并奉为神明。②

广受安溪人崇奉的清水祖师神庙，共有14间，其中9间在槟城，霹雳和沙巴各2间，吉打、吉隆坡和彭亨各1间。清水祖师庙的数量虽然不及法主公庙和广泽尊王庙，但其中两间却远近驰名，一间是槟城的福兴宫，也称清龙庙；另一间是彭亨云顶高原的蓬莱清水岩庙。福兴宫建于1850年，刚开始仅是一个简陋的神坛，后来因治愈一位英国种植园主布莱恩（David Brown）久治不愈的怪病而名声大噪，信徒日益增多。庙宇扩充后，在祖师诞辰的前后七天里，突然涌来大量毒蛇，但极为驯服，从不咬人。人们认为这是祖师法力降伏所致，故此称之为"清龙庙"，俗称"蛇庙"。其庙正殿供奉清水祖师，左侧祀天后圣母，右侧祀关圣帝君，后殿供奉福德正神。蓬莱清水岩庙始建于1976年，至1993年始告建成，历时18载，耗资1110万马币，并成为云顶度假高原设施的组成部分，闻名遐迩。③ 此庙是由马来西亚闽商云顶集团的林梧桐模仿安溪蓬莱老家清水岩清水祖师庙所建，林梧桐出身贫农，19岁仅带了10元钱来到马来亚谋生，先后当过木匠学徒、厨师、建筑工人、小贩，后来承包建筑工程，并经营矿业和种植业。20世纪60年代后期，云顶项目开始建设，1971年开张营业，经过多年的努力，奠定了他在马来西亚的商业地位，同时也成为亚洲四大赌王之一。④

---

① 李天锡：《略论东南亚华侨华人的清水祖师信仰及其现代价值》，《华侨大学学报》（哲学社会科学版）2003年第2期，第72页。
② 连心豪、郑志明主编《闽南民间信仰》，第75~77页。
③ 詹冠群：《清水祖师信仰在马来西亚的传播与影响》，载陈国强、陈育伦主编《闽台清水祖师文化研究文集》，闽南人出版有限公司，1999，第174~177页。
④ 何启良编《马来西亚华裔人物志》，八打灵：拉曼大学中华研究院，2014，第862~865页。

其他的清水祖师庙，依据所在州属和创庙年份，则有槟城的美湖广福宫（1882年）、兹山寺（1885年）、日落洞中云岩（1910年）、浮罗山背善云寺（1913年之前）公巴清源宫（1971年）、显灵宫（1962年之前）、峇都茅清水宫（1972年）、飞云宫（1982年），霹雳太平后廊清云坛（1986年）和福禄宫（1929年）。此外，吉隆坡增江（Jinjang）南区灵尊殿、吉打居林广福宫、沙巴亚庇碧南堂和腾南堂等，也以广泽尊王为主神。

（四）保生大帝

同安人崇奉的保生大帝神庙，共有10间。槟城有4间，它们是浮罗山背文丁清龙宫（1961年）、乔治市金鞍山寺（1972年）、日落洞清南宫（1984年）和乔治市朝元宫（1984年）。柔佛有2间，即士古来八哩半鳌峰宫（1973年以前）和笨珍吴公真仙庙（修建年份不详）。马六甲、吉打、霹雳和雪兰莪各有1间，分别是湖海殿（1888年）、吉打鳌峰宫保生大帝（1973年以前）、霹雳瓜拉古楼对面港圣果院（1882年）、雪兰莪根登龙溪天湖宫（1968年）。

保生大帝本名吴夲，生于宋太平兴国四年（979年），同安白礁社人，一生行医，救人无数，宋景祐三年（1036年）上山采药失足跌入悬崖逝世。身后成为闽南地区最有影响的医神。自明清以来，民间对保生大帝的信仰达到顶峰，在闽南人心目中与关帝、妈祖一样高尚。保生大帝的神庙要以白礁和青礁的慈济宫为最著名。①

在马来西亚主祀保生大帝的庙宇，当以坐落于槟岛日落洞的清龙宫最早，较马六甲保生大帝庙——湖海殿的立庙时间还早两年。② 清龙宫的香火相传是由一位张姓的新客，将灵火从中国福建白礁慈济宫，接引到日落洞供奉。③ 清龙宫的庙业向来由福建公司的五大家族掌管，但信众却不限于某一

---

① 连心豪、郑志明主编《闽南民间信仰》，第171~174页。
② 连心豪、郑志明主编《闽南民间信仰》，第192~195页。
③ 《马来西亚清龙宫》，http://hk.plm.org.cn/gnews/2010826/2010826204402.html，最后访问日期：2013年4月29日。

方言群，而是开放给所有华人膜拜。保生大帝的信仰虽然在 18 世纪中叶已经传入马六甲，但湖海殿的创立却迟于清龙宫，它也是一间由闽南人创办，并由闽南人掌控和主导的庙宇，战后湖海殿的领导层才逐渐开放并形成跨籍贯管理的格局。清龙宫的善信虽然来自马来西亚全国各地，但基本仍然是一个乡土兼医药神的庙宇，不似马六甲湖海殿成功转型成为一小区性庙宇，令保生大帝成为护佑马六甲州境内人民的守护神。①

在浮罗山背（Balik Pulau）的文丁地区也有一间名为清龙宫的保生大帝庙，庙中保生大帝受本区信善供奉崇拜，大约从 20 世纪初就开始了，但是建庙要迟至 1961 年才完成，另有一间与文丁清龙宫相似，坐落于大英义学园（Taman Free School）政府组屋的清南宫，它创办于 1984 年，时间较为晚近。②

此外，槟岛姓周桥的朝元宫（创办于 1984 年）和姓李桥的金鞍山寺（创办于 1972 年）均奉祀保生大帝，都从原乡分香而来，庙名都保留原名。姓周桥和姓李桥为姓氏桥中的两座，姓氏桥位于乔治市渡口码头地带的海墘街，是南来华人最早聚居处之一。姓氏桥由木桩支撑起来的长桥、渡口和干栏式住宅组成，一端联系陆地，另一端伸向海中，是典型的水上人家，已经有百余年的历史。1927 年总共有 15 座长桥，目前依序伫立的有姓林桥、姓周桥、姓陈桥、姓李桥、杂姓桥、姓杨桥、土尾桥、平安桥和姓郭桥。姓氏桥主要由来自不同姓氏的闽南同安先民建造，故此姓周桥、姓李桥、姓林桥、姓陈桥等都供奉同安地方守护神保生大帝。朝元宫和金鞍山寺则分别镇守在与陆地衔接的部分，以保佑讨海为生的同安人的平安。③ 同安人奉祀保生大帝，但祖籍同安的姓郭桥的郭氏族人例外，他们供奉广泽尊王。④ 姓李

---

① 苏庆华：《保生大帝信仰与马六甲华人社会——以板底街湖海殿为例》，《马新华人研究——苏庆华论文选集（第二卷）》，第 190~192、210~212 页。
② http://www.angkongkeng.com/index.php?option=com_content&view=article&id=1092&Itemid=28，最后访问日期：2013 年 10 月 7 日。
③ 周泽南、陈漱石：《探缘：马来西亚庙宇与宗祠巡游（二）》，第 52~55 页。
④ 周泽南、陈漱石：《追根：马来西亚庙宇与宗祠巡游（一）》，第 4 页。高雄应用科技大学谢贵文教授认为姓郭桥供奉广泽尊王，原因是广泽尊王本姓郭，安溪清溪人，又称郭圣王，为闽南著名神祇。

桥的金鞍山寺源自福建集美兑山的金鞍山寺，早期许多下南洋的福建人，为了祈求平安，都会到庙里撮一把炉中香灰随行，抵达目的地以后即会加以安置，并在事业有成后盖庙祀奉。姓李桥的李氏族人都源自兑山李氏，故此他们供奉的保生大帝庙也以原乡的庙宇名称来命名。

（五）惠泽尊王

惠泽尊王（1190—1208年），本名叶森，谥广德侯，南宋泉州南安高田人，生于宋淳熙十六年（1189年）。少年聪慧，素食不娶，相传其预言极为灵验。宋嘉定元年（1208年），叶森端坐羽化。成仙后常为民众排难解困，加上高田一带风调雨顺，百姓安居乐业，为了纪念他，根据他的面容塑成神像并加以供奉，之后更在原址建立慈济宫。宋嘉定末年，宋宁宗敕封他为"威武惠泽尊王"，并赐祀典，时与广泽尊王并称。①

随着诗山人移民到南洋各地，惠泽尊王成为诗山叶氏的保护神，在马来西亚几个以南安诗山叶氏族人集聚的地区，都建有祭祀惠泽尊王的南阳宫。诗山叶氏大多定居于吉隆坡的泗岩末（Segambut）、增江和冼都（Sentul）。泗岩末于1921年既有神庙的修建，名为南阳宫；1953年，增江的南阳宫从泗岩末分香而建成；冼都的南阳宫也于1953年建成。此外，槟城是诗山叶氏第二大聚居地，1954年在叶氏宗祠旁建有供奉惠泽尊王的慈济宫。森美兰的波德申也建有南阳安保庙（Port Dickson，1959）。至于其他祖籍闽南各地的叶氏也有自己的惠泽尊王庙，如吉隆坡祖籍安溪的叶氏和雪兰莪巴生祖籍永春的叶氏等。②巴生班达马兰新村的顺天宫，也是主祀惠泽尊王，估计全马来西亚有七八间主祀惠泽尊王的庙宇。③

---

① http://zh.wikipedia.org/wiki/%E6%83%A0%E6%BE%A4%E5%B0%8A%E7%8E%8B，最后访问日期：2014年3月17日。
② 陈志明：《迁徙、家乡与认同——文化比较视野下的海外华人研究》，段颖、巫达译，商务印书馆，2012，第260~262页。
③ 刘崇汉编《走进巴生庙宇：巴生港口班达马兰新村庙宇文化初探》，新纪元学院，2014，第51页。

（六）开漳圣王

开漳圣王是指首任漳州刺史陈元光，他 14 岁时随军入闽与在福建平乱的父亲陈政会合，陈政逝世后，陈元光袭父职，对漳州的开发有卓越的贡献。之后老百姓为了纪念他，民间开始祭拜，入宋，他被奉为安邦护境州主之神。[①]

似乎只有槟城存在开漳圣王信仰，最早的开漳圣王神庙当属五大姓中的陈姓族人所创建的威惠庙。五大姓中的其他四姓都移自中国原乡的单姓村落，陈姓则是从各地而来。陈姓人士以开漳圣王为他们共同的守护神，威惠庙于 1857 年改为颍川堂陈公司，并在祠堂内继续供奉开漳圣王，威惠庙的牌匾也保留下来。颍川堂的成立表明开漳圣王从一个相对开放的公众庙宇神明，变成一个具有封闭性质，仅限于陈姓族人奉祀的宗族神明。这无疑在很大程度上局限了开漳圣王信仰的传播和发展，失去了它的"公众"性质，这是在马来西亚主祀开漳圣王的公众庙宇极为罕见的原因。[②]

与此相反的是创建于 1917 年槟城乔治市的姓陈桥昭应殿。姓陈桥的居民原是来自同安丙洲社，最早集体居住在打石街两间由排屋打通的"公司屋"，楼下为膳宿之处，楼上则沿用原乡"昭应殿"庙号，供奉由原乡带来的开漳圣王香火。在 1917 年左右，这里的居民形成"姓陈桥"的单姓聚落。1968 年，昭应殿的开漳圣王香火才正式迁移至渡头入口处的土地上。姓陈桥的聚落规模太小，1988 年这里只有 11 间房舍，原本只限于丙洲社族人参与的昭应殿，在 20 世纪 80 年代就已经开放让外姓人加入参与管理庙务的理事会。由于姓陈桥的陈姓族人数量不多，昭应殿不得不对外开放，也就无法像颍川堂那样继续其传统宗族家庙的封闭性。[③] 此外，在全马来西亚福建人的陈氏宗亲会、陈氏宗祠、陈氏颍川堂等宗亲组织和祠堂也奉祀先祖陈元光。

[①] 连心豪、郑志明主编《闽南民间信仰》，第 108 页。
[②] 王琛发：《开漳圣王信仰的槟榔屿境遇——宗姓公共属性与民间公共属性互牵下的演变》，《闽台文化交流》2010 年第 2 期，总第 26 期，第 15~17、19 页。
[③] 王琛发：《开漳圣王信仰的槟榔屿境遇——宗姓公共属性与民间公共属性互牵下的演变》，《闽台文化交流》2010 年第 2 期，总第 26 期，第 17~19 页。

（七）灵安尊王

惠安最为著名的、在海内外有较大影响的民间信仰神庙当数主祀灵安尊王张悃的青山宫。青山宫始建于五代十国时期，还有一种说法是建于宋太平兴国年间。张悃其人有两种传说，第一种传说认为张悃是三国时期东吴将领，受孙权之命驻守泉州惠安，颇有治绩，深受军民爱戴；第二种传说认为张悃是五代十国时期闽国将领，奉命镇守惠安，抵御海寇，他军纪严明，爱民如子，死后屡次显灵，故民众在青山建庙祭祀他。①

灵安尊王信仰，也随着华人移民来到马来西亚，但大多数都供奉在华人各自的会馆内，只局限乡亲膜拜，如麻坡惠安公会在1963年新会所落成后，即在楼下前厅设有"青山古庙"供奉灵安尊王神位。峇株巴辖的惠安公会也设有灵安尊王殿，供乡亲膜拜。但在槟城有"小惠安"之称的"过港仔"，灵安尊王为主神，与其他神明一起被供奉在天生宫内，让不同籍贯的人士祭拜，这恐怕是马来西亚唯一的灵安尊王庙。②

（八）王爷信仰

王爷信仰是闽南地区极为盛行的民间信仰，一般可分为瘟神、英灵和郑成功祖孙三个系统。自明代以来，"代天巡狩"成为王爷的主要职能，负有查察四方、驱疫送瘟、消灾赐福、保境安民的责任。庙里供奉的王爷一般都会冠上一个姓氏，称为"某府王爷"或"某府千岁"，据说共有360个王爷，共132个姓。此外，与王爷信仰相关的还有"烧王船"的习俗，即将王爷神像连同粮食放在一艘特制的船中，任其漂流，漂至哪一村落，该村落便要迎神建庙。

在马来西亚也有不少王爷信仰。在马六甲，有供奉池府王爷的勇全殿（建于1818年）、供奉朱府王爷的清华宫、供奉温府王爷的华德宫和供奉李

---

① 连心豪、郑志明主编《闽南民间信仰》，第115~116页。
② 《惠安：马新惠安泉港乡会发展历程（第二版）》，马来西亚惠安泉港联合会，2013，第51、114、178页。

府王爷的清侯宫。主祀五府王爷的有吉隆坡孟加兰的兴义殿、柔佛峇株巴辖的观音宫兴义殿和雪兰莪万挠的兴义殿。建于1839年的槟城水美宫供奉池府王爷,它是由福建海澄县钟山社三都的移民所建。至于其他各地供奉各姓王爷的神庙,相信不在少数,这里无法尽录。①

虽然上述的数据并不完整,但仍然反映了某些事实,即乡土神祇庙宇与地缘会馆的数量成正比。在马来西亚永春人是闽南人中人数最多的,有60多万人,比原乡人口还多,其地缘会馆的数量在马来西亚闽南人的全部会馆中也独占鳌头,共34间。而主祀法主公的神庙数量在马来西亚闽南人的全部神庙中也位居榜首。而拥有17间南安会馆的南安人,其地缘会馆数量位居第二,他们主祀广泽尊王的庙宇数量同样也位居第二。再者,某个神祇庙宇较为集中的州属,即表示该州有相当数量该地缘的闽南人,如法主公的神庙在巴生较多,广泽尊王和保生大帝的神庙在槟城较多,这就说明巴生的永春人较多,槟城的南安人和同安人较多。

此外,另有两个民间信仰较为特殊,无法纳入上述的类别,但在马来西亚确是闽南人的信仰,它们是源自福建湄洲的妈祖信仰和闽南沿海普遍崇祀的玄天上帝。"妈祖"是民间对莆田林氏女默娘的敬称,她死后民间在湄洲岛对其立庙祭祀。妈祖是航海守护神,大凡出海的移民都崇奉妈祖。自宋代以来,官方历代对妈祖的褒封,致使妈祖信仰普及,并随着闽粤移民外出,妈祖信仰也遍及东南亚。② 但马来西亚的妈祖信仰几乎与海南人画上等号,许多海南会馆不是在馆内供奉,供乡亲膜拜,就是在其旁立庙祭祀,开放给公众人士进香膜拜,海南会馆甚至将妈祖崇祀推高为妈祖文化活动和研究。但实际上,在马来西亚奉祀天后圣母最多的是福建人,③ 闽南人的妈祖庙也有不少,有的甚至年代极为久远。其中最著名的是吉兰丹的圣春宫。据说福建漳州六甲乡的林伯显在雍正五年(1727年),乘船南来,遇上飓风,船在

---

① 石沧金:《海外华人民间信仰研究》,学林书局,2014,第195页。
② 苏庆华:《马新华人研究——苏庆华论文选集》,马来西亚创价学会,2004,第103~110页。
③ 骆静山:《槟城华人宗教的今昔》,槟榔屿华人事迹研讨会,槟城古迹信托会主办,2002年1月5~6日。

海上漂泊，险象环生，但最终安全抵达吉兰丹万捷（Bachok），林伯显随同妈祖金身登岸，并在附近建立简陋小庙安放金身，之后在此基础上逐步发展起来，形成圣春宫，至于圣春宫的确切立庙年份现在已经无法考究了。① 在吉兰丹另有两间妈祖庙是从圣春宫分香而来，它们是吉兰丹州府哥打峇鲁唐人坡（Kampung）的镇兴宫（庙内有一同治七年，即 1868 年的匾额）和建于 1967 年的巴西富地（Pasir Putih）镇安宫。吉兰丹华人不多，2/3 为福建人，这两间妈祖庙，应该是由闽南人创建的。建于 1801 年的登嘉楼海口和安宫，也主祀妈祖，目前交由登嘉楼福建会馆托管，也是闽人的妈祖庙，故此它们也依照福建人的习俗庆祝农历正月初九的天公诞。槟榔屿日落洞网寮山海宫建于 1890 年，该村早期由福建漳浦杨姓渔民所开发，这间妈祖庙成为当地渔民的祭祀中心。另外还有血缘团体设立的天后宫，如柔佛峇株巴辖林氏宗祠天后宫，是绍安人林亨南来时将妈祖神像安奉船上，上岸后将妈祖神像供奉在简陋的亚答屋，逐渐形成现在的天后宫。② 还有一个较为特殊的妈祖庙宇，它就是哥打丁宜天后宫，这个天后宫本为潮州人创建，从 20 世纪 70 年代开始逐渐由琼、潮、福、广肇广西和客家"五帮人士"轮值主办天后诞庆典和担任炉主。③ 此外，还有福建会馆和闽属地缘会馆建立的妈祖庙（坛），如马六甲的福建会馆的天福宫和马六甲永春会馆的天后宫（与张公圣君并祀）。

玄天上帝是盛行于闽南沿海地区和台湾地区的民间信仰，进入马来西亚以后，却成为潮州籍华人的信仰。在马来西亚有几间拥有百年历史的玄天上帝庙，全部由潮州籍人士创建，同时也是潮州会馆的滥觞。这是由于在许多潮州籍华人开拓的地区都把玄天上帝视为他们的保护神，当地或邻近其他方言群体自然就认为这是潮州人的信仰，而放弃对玄天上帝的供奉，故此在闽

---

① 黄昆福：《吉兰丹和华人》，载《吉兰丹中华总商会54周年纪念特刊》，1965，第42~43页。
② 苏庆华：《马新华人研究——苏庆华论文选集》，第118~122页。
③ 苏庆华、刘崇汉编《马来西亚天后宫大观（第一辑）》，吉隆坡：雪隆海南会馆妈祖文化研究中心，2007；苏庆华、刘崇汉编《马来西亚天后宫大观（第二辑）》，吉隆坡：雪隆海南会馆妈祖文化研究中心，2008。

南人集中的地区，当地福建公司辖下的庙宇，也没有主祀玄天上帝的庙宇。① 尽管如此，在彭亨内陆地区的一个闽南聚落直凉新村，仍然有主祀玄天上帝的闽南人庙宇。直凉（Triang）的玄天上帝庙，源自中国福建安溪尚卿乡青阳村余氏祖庙永安堂，青阳余氏傅翼、傅禀堂兄弟二人于清末南来，将祖居地的玄天上帝香火及神像金身带来，建庙于直凉过港傅翼的园丘内，由青阳余氏族人一起膜拜，并在每年农历三月初三日庆祝神诞，少数他姓善信也参与其中。随着社会的进步与发展，加上其灵验事迹，玄天上帝吸引了不少外姓人的膜拜，于是这些具有排外性，仅照顾族亲的民间信仰神庙，也逐渐开放给外姓人膜拜。安放青阳余姓祖神的玄云殿在1969年落成，随着时代变迁，直凉区非青阳余氏的善信逐年增加，20世纪80年代，理事会才开放玄云殿让直凉区的善信膜拜。②

四 马来西亚闽南人信仰的在地化及其特色

事实上，目前在马来西亚华人社会可以看到的华人文化基本是继承原乡文化而来，由于风土人情和政治社会的差异，大部分的马来西亚华人文化已经不再是原汁原味的原乡文化，它们都进行了或多或少的调整来适应不同的社会。大部分礼俗因为气候、环境、政治等主客观因素的影响而自我进行了因地制宜的调节和改变。③

厦门大学历史系曾玲对新加坡华人社会文化的研究最具代表性。她从海外华人尤其是认同中华文化的传统华人社团的"宗乡文化"和"本土认同"双重认同形态入手，来讨论新加坡华人民间文化中的祖先崇拜、民间信仰、

---

① 王琛发：《故土情结、异地认同与族群意识——当玄帝信仰应化为马来西亚潮州人的开拓意象》，载黄发保主编《玄天上帝信仰文化艺术国际学术研讨会论文集》，屏东：中华道教玄天上帝弘道协会、屏东大学视觉艺术学系，2009，第268~282页。
② 朱锦芳整理《玄云殿略述》，载廖文辉主编《直凉华人志暨资料汇编》，新纪元学院，2013，第324页。
③ 廖文辉：《马来西亚中华文化的传播和机制》，《华侨大学学报》2012年第2期，第22~28页。

节日习俗等三种形态。她认为，"为了维持华人社会的内部运作，华人移民运用传承自祖籍地的文化资源，建立了包括会馆、宗亲会、行业公会等在内的各类社团"，"新加坡华人民间文化的基本形态是由华南移民自祖籍地传承而来。受华人移民构成的制约，源自祖籍地而又在新加坡近两个世纪历史演化中逐渐发展出本土特色的民间文化"。① 其实这一从传承到调整改变的过程中，涉及了选择的问题，部分不符合本土需求的因素被剔除了，同时为了配合在地的特点，加进了一些有别于原乡的元素。不论是被剔除或新加入的因素，基本属于外在形式、操作和功能的部分，至于其内在本质则继续被传承下来，毫发不动。②

马来西亚闽南人的民间信仰，至少在四个方面反映了类似的情况。第一，这些信仰与其他不同地区、方言群体的神祇共同奉祀。在马来西亚，各华人方言群体共处一区，彼此频密地交往互动，这种情况也反映在神祇的供奉上，人们往往将闽南不同地区的神祇，乃至其他方言群膜拜的神祇，一起共同祭拜，其奉祀的神祇不仅跨越帮群，也不乏与本土拿督公③，甚至与本土神祇仙四师爷④一同供奉者，其包容性极强。有学者以客家民间信仰为例，认为这种你中有我、我中有你的交叉现象，是属于为了适应海外生存的特殊需要而产生的一种根植马来西亚土地后所衍生的崇拜习俗"异变"的结果，是中国原乡社会所没有的。⑤ 马来西亚最早的庙宇是建于 1673 年的马六甲青云亭，以供奉观音菩萨为主，但其侧殿则同时也供奉妈祖、大伯公、关帝、孔子和土地神，并有大量华人祖先的牌位。据《清龙宫碑记志》所载，清龙宫除奉祀保生大帝外，也奉祀神农大帝和清水祖师，同时在其侧

---

① 曾玲：《越洋再建家园——新加坡华人社会文化研究》，江西高校出版社，2003，第 1~8 页。
② 曾玲：《越洋再建家园——新加坡华人社会文化研究》，第 203~211 页。
③ 拿督公信仰流行于马来西亚和新加坡一带，华人崇拜的拿督公其职能基本与大伯公类似，马来人信仰的拿督公是伊斯兰教传入前已经存在的原始信仰。
④ 仙四师爷为客家人神祇，仙师爷是指吉隆坡开埠功臣叶亚来的恩公，四师爷是指叶亚来的部将钟炳（钟来）。
⑤ 刘丽川：《中国大陆客民信仰与大马客民信仰之异同》，未刊稿。本文曾于 2010 年 8 月 9 日发表于乌鲁冷岳客家会馆主办、新纪元学院协办之座谈会。

殿祭拜观音菩萨、佛祖。此外，在其左右两侧分别供奉注生娘娘和大伯公，在庙外的大树下也祭拜本土神祇拿督公。巴生观音亭除主祀观音菩萨外，也供奉金童玉女、天上圣母、太岁爷、张公圣君、韦驮菩萨、释迦牟尼、弥勒佛和虎爷公。

第二，在信徒方面，不再局限于闽南人群体，其他华人方言群体也被允许进庙膜拜，发展至后来，甚至印裔族群也成为忠实信徒。直凉的玄天上帝庙建于直凉过港傅翼的园丘内，由青阳余氏族人一起膜拜。随着社会的发展，玄天上帝吸引了不少外姓人的膜拜，于是这些具有排外性，仅照顾族亲的民间信仰神庙，也逐渐对外姓人开放。福建安溪官桥善益廖氏宗族在直凉的益安堂的发展模式与直凉的玄天上帝庙基本相似。由于外族善信日众，故此益安堂也逐步开放，甚至还有印度族裔来膜拜。[1]

第三，在马来西亚特殊的政治社会环境中，神庙往往被纳入种类繁多的社团之一，庙宇不仅是人们祈求平安、寻求心灵慰藉和祭拜神明之所在，同时更肩负了华人社群所赋予的社会功能，分担了马来西亚华人社会的职能，实则就是社团组成的一分子。如果将民间信仰一概斥为封建迷信，无疑仅看到其负面的部分，实际上马来西亚民间信仰的社会作用远比我们所能想象的还多。在石沧金《马来西亚华人社团研究》一书中，即以宗教社团来总称神庙组织，其原因在于"它们不仅仅是华人的宗教活动场所，而且寺庙的管理者热心从事社会公益事业，尤其是积极资助华人教育，这也是我们可以称其为宗教社团的原因"，如吉隆坡的仙四师爷庙，不只是庙宇，还设有"大学奖学金委员会"资助清寒子弟深造，同时它还资助了许多医院和社团，热心公益。[2] 其他如海南会馆天后宫和八打灵观音亭等神庙也有类似的作用。此外，部分神庙还肩负着兴学办教的功能，成为早期私塾所在地，教

---

[1] 廖文辉：《直凉华人志略》，载廖文辉主编《直凉华人志暨资料汇编》，第22~23页。
[2] 石沧金：《马来西亚华人社团研究》，中国华侨出版社，2005，第92~93页。

育华人子弟。①

民间信仰往往成为凝聚同乡的一个重要渠道,每逢春秋两祭或神明诞辰,同乡都会聚集在一起共同祭拜,通过祭拜来团结族人,也有部分地缘社团是因为同乡长期共同祭拜原乡神祇,久而久之人们认为有成立社团的必要,于是社团成立,如马六甲福建会馆的成立,即为一例。事实上,有些神庙就是地缘会馆的雏形或前身。民间信仰甚至能营造出一个类似于原乡的生存空间,借以调节单调的旅居生活,改善侨居地的谋生环境。② 有的神庙甚至充当甲必丹的官署,成为办公场所,用以处理华人事务,如马六甲青云亭、吉隆坡的仙四师爷庙,早期就兼具神庙和公署的功能。

第四,除少数神庙的管理层仍由闽南人担任外,大部分神庙都因应时代和环境的发展,由其他籍贯人士共同管理。清龙宫的管理层至今仍然坚守由单一方言群主导的传统格局。自1917年以来,清龙宫即将管理权交给五大姓氏,即邱氏龙山堂、陈氏颍川堂、杨氏植德堂、林氏九龙堂和谢氏崇德堂所组成的福建公司,换言之,清龙宫长期由福建海澄五大家族所掌控,是一种宗族和宗教信仰结合的模式。由于五大家族人才济济,财雄势大,无需外人参与管理,这与马六甲湖海殿因为发展上的差异,而允许各方言群进入共同管理的模式有所不同。③

---

① 麻坡巴力温那南亭寺创办的善财华文小学,即为一典型例子,穷乡僻壤的小渔村在没有政府津贴下筹款建立小学,并在日后逐步扩充改善。详见李文兴《许天平:用香油钱兴建善财学校》,载《马来西亚福建人兴学办教史料集》,吉隆坡:马来西亚福建社团联合会,1993,第475~476页。1990年获颁林连玉精神奖的槟岛浮罗山背双溪槟榔(Sungai Penang)港口渔村的天后宫,40多年来,长期承担当地育才学校的发展经费、学生的学杂费,并免费供应学生作业簿,亦为一显例。详见李亚遨等编《如风如日》,吉隆坡:林连玉基金,2012,第89页。再如直凉最早的庙宇是供奉观音菩萨的开南寺,估计在20世纪20年代,即在橡胶园内建庙膜拜,名为青龙亭,并于1936年翻建,在庙内也设立私塾教育子弟。详见廖文辉《直凉华人志略》,载廖文辉主编《直凉华人志暨资料汇编》,第23页。
② 范正义:《民间信仰与华侨华人生存空间的建构及其意义转换》,载郑筱筠主编《东南亚宗教与社会发展研究》,中国社会科学出版社,2013,第281~282页。
③ 苏庆华、曾衍盛:《保生大帝信仰与马六甲华人社会——以板底街湖海殿为例》,《马新华人研究——苏庆华论文选集(第二卷)》,第203页。

清龙宫由闽南人的五大家族掌管，而五大家族领导一般有多重身份，不仅是帮权和神权的代表，同时也是社团或秘密会社的领导，例如林花簪同时是清云岩和清龙宫的领导，也是建德会干事（1867年）、平章会馆董事（1886年）和九龙堂主席（1878年）；许新蕙也是福建公冢董事（1886—1892年）；陈瑞吉同时是清云岩、金和岩和清龙宫的领导，也是福建公冢董事（1886—1892年）和颍川堂董事。这完全符合陈育崧所谓的"领袖人物是用他所拥有的财富来鉴定的，一个领袖不但要有钱而且要会出钱，本群的一切公益善举，总以他为缘首"①。

五　结论

从上文论述中得知，马来西亚闽南人的民间信仰一般先从庇佑族人或乡人的宗族或家乡式的神祇开始，仅限亲族或乡人膜拜，后来才逐渐开放给聚落邻近其他不同籍贯或方言的华人膜拜，但仍有少部分坚持不开放，维持宗族神祇的地位，主要以血缘或地缘社团的庙宇为主。因为个人利益或议程而分化成立的私庙，也不在少数。自20世纪80年代以来随着社会经济的快速发展，马来西亚闽南人的神庙更是如雨后春笋般建立起来，基本难以进行整理和统计。事实上，除了上述较多人崇奉的神祇，闽南各大镇小邑，个别的姓氏其实还有各自的家乡神祇，这些民间神祇也随着各地族人来到马来西亚而再次接受民众的膜拜，如麻坡巴口新村杜氏族人的贞义祖姑和杜府仙祖、邱肇基公会的邱氏祭拜的圣王公。这些无疑都是马来西亚闽南人民间信仰的组成部分，只是信仰的群众仅属于小众，故不在本文论述范围。

颜清湟的《新马华人社会史》虽然是学界争相引用的重要著述，但书中仍然有三个有待补白的环节，其中一个就是民间信仰，虽然在书中第一章总论部分论及宗教在华人社会的重要性，认为在探讨华人社会的形成时，若

---

① 张少宽：《槟榔屿华人史话续编》，第84~86页。

不提及宗教，是不完整的，① 却没有专章加以讨论，可见当时资料收集的不易。2013年，许源泰的博士学位论文《沿革与模式：新加坡道教和佛教传播研究》出版，将新加坡的民间信仰归入道教体系进行研究，基本将新加坡的民间信仰整理出来了，以后还会有相关的成果陆续发表，期望不久的将来马来西亚也有类似的成果出现。

---

① 颜清湟：《新马华人社会史》，第10页。

客家山歌在马来西亚的"本土化"*

——以国宝级山歌手丘惠中及其山歌创作为例

(马来西亚)苏庆华**

摘　要：丘惠中(Hew Wei Choong)1942年出生于马来半岛霹雳州美罗(Bidor, Perak),后迁移到霹雳州的双溪古月(Malim Nawas)锡矿,自幼受父母影响,热爱唱山歌。20世纪70年代,马来西亚的锡矿业已走向没落,客家人也走进城镇,丘惠中唱山歌的机会也跟着减少。1987年务边(Gopeng)国会议席补选,马华公会争取客家选民的支持,给丘惠中带来唱山歌的新契机。丘惠中认为要让新时代的客家人认同这种自由自主的说唱山歌艺术,并不是一件容易的传承任务。因此,他寻找大家熟悉的歌唱题材,主张古为今用,以推陈出新的手法来发扬和创作山歌。

关键词：马来西亚　客家山歌　本土化

> 困难越大越唱歌,上天下地不离歌,
> 歌声感动天和地,歌声填满穷山窝。
>
> ——丘惠中

---

* 本文初稿曾于2017年12月11~15日在梅县嘉应学院客家研究院"客家学国际学术研讨会"上宣读。现今的版本是对初稿增订修改而成。

** 苏庆华,博士,马来亚大学中文系原主任、副教授。

一　前言

丘惠中1942年出生于马来半岛霹雳州美罗境内一座尚未开发的山芭矿地。当时人烟稀少，平日四周除了听到鸟兽叫声此起彼落外，最常听到的是母亲在门口砍柴、厨房烧菜、房里缝补衣服时随兴哼唱的客家山歌。上面所引的这首反映当时山区穷困生活的励志山歌，[1] 便是丘惠中的爸妈教他的。

丘惠中的父亲来自广东蕉岭白泥湖，那是个多山少田的著名客家侨乡，16岁那年他南渡到了南洋，[2] 抵达后仍选择到霹雳州的山林里讨生活。丘惠中曾追忆道："那时候客家人不是住在山区，就是在矿场，平时没有什么娱乐，就是唱山歌，尤其是在矿场工作的妇人家，像我妈，虽然没念过什么书，山歌却唱得非常好。"丘惠中从小就在（唱）山歌的氛围中长大，他说："大概3至4岁时就会唱山歌。（我住的）小地方山区，有间杂货兼卖咖啡的咖啡店，每次到咖啡店去，咖啡店老板一定（把我）抱上台，让我唱首山歌，然后打赏我一颗糖吃。"[3]

丘惠中7岁上小学那年，一家人为了生计就从美罗迁移到霹雳州的双溪古月锡矿去，母亲每天戴着斗笠到锡矿场去洗琉琅[4]，父亲则在锡矿场里当跑腿（客家话俗称"行江"），他和兄妹就在锡矿场四周溜达当起了孩子王！丘惠中回忆说："我们小孩白天东躲西藏，你追我逐，简直把锡矿场当作是游乐场一样！当玩累了，大伙儿就会坐着听那些洗琉琅的女人唱山歌"。

---

[1] 摘引自丘惠中《客家乡情长又长》，〔马〕《光明日报》1997年11月22日。
[2] 摘引自丘惠中《祖籍山水故乡情》，〔马〕《光明日报》1995年11月17日。
[3] 转引自《开创新时代客家山歌：马来西亚客家山歌研究者——丘惠中》，载台湾地区"行政院客家委员会"编著《静水流深：东南亚廿客家良材》，2009，第86页。
[4] 所谓"洗琉琅"，即身处河的下游将含锡苗的砂砾置放在半浮于水中的琉琅内，以熟练转动的节奏用水将较轻的砂砾冲流出。含锡苗的砂砾在琉琅中积累到某种数量时，琉琅女再用"铁筛"将锡苗淘洗干净，成为可出售的纯净锡苗，不过数量不多。引自《马来西亚第一届锡矿节手册》，2015，未注明页数。

当时是开采锡矿的黄金时代,处处都可见客家人的足迹。很自然的,矿场就变成了客家山歌的摇篮。除了洗琉琅之外,在矿场谋求生计的客家人,在日常生活中还自创了很多跟锡矿有关的用语,比如,"开采锡矿我们管它叫'做巴叻',有时也叫'做埠嘟'。'巴叻'一词,源自马来语'parit'(水沟)的音译;而'埠嘟'则是马来语'palung'(水槽)的音译,两者都以'金山沟'为代表。当然,我们也爱(戏)说那是客家人的'金山沟'"①。

丘惠中不无惋惜地指出:"锡矿的黄金时代已逝。客家山歌中那些具时代色彩的词汇,如今只能回味,不再为人所用了。"

张吉安在《乡音考古:采集·行为·民俗·演祭》一书中引用丘惠中所忆当年在矿场传唱的《埠嘟头山歌》②(见下文)后,作出以下补充:"当年在锡矿场洗琉琅的未婚女子,可以一边劳作,一边说唱,碰到心仪的对象,也会脱口哼唱下引唱词。这样的(对唱)唱词,说爱就爱,(一点都)不矫情,不扭捏。"③

  阿哥沟顶唱山歌,阿妹听哩笑呵呵;
  都话阿哥唱得好,心想嫁你做老婆。

  心想同你做公婆④,就是唔知有缘无。
  天公多隆⑤发大财,娶你过门享福多。

  有钱无钱都唔错,秤杆总爱配秤砣;
  夫妻恩爱讲情义,柴米油盐都是歌。

---

① 张吉安:《乡音考古:采集·行为·民俗·演祭》,雪兰莪:Cemerlang Publications Sdn Bhd.,2010,第 86 页。
② 丘惠中原注:"埠嘟"就是矿场,是马来文 palung(水槽)的出位译音;"沟顶"指的是金山沟顶,即冲洗锡砂的水槽。但意指"矿场"的马来语词 Lombong,反而很少为华人所用。埠嘟,又写作埠瑯。
③ 张吉安:《乡音考古:采集·行为·民俗·演祭》,雪兰莪:Cemerlang Publications Sdn Bhd.,2010,第 87 页。
④ "公婆",客家话,即"夫妻"的意思。
⑤ "多隆",乃马来文"tolong"一词的中文对音拼写,原指"帮忙",此指"(神明的)保佑/赐福"。

马来西亚著名客家籍矿家丹斯理丘思东局绅①，在其所编著的《锡日辉煌：砂泵采锡工业的历程与终结》一书中，记录了以下四首反映当年梅州客家人前来马来亚矿场工作的情景的山歌：

1.

远看阿妹面青青（男）

揽得琉琅又揽"罉"②（男）

阿哥问妹样般③洗（男）

琉琅"的的"④倒落罉（女）

2.

新开埔琅四四方（男）

油车开打八寸泵（男）

保佑埔琅有"稳当"⑤（男）

唔使阿妹洗琉琅（男）

3.

嫁郎唔嫁看车郎（女）

---

① 丘思东的祖父于19世纪90年代由中国来到霹雳州的务边（Gopeng），从事锡苗贸易业（锡米店）；父亲于20世纪20年代从中国广东梅县来到霹雳州金宝的一间锡米店当学徒，20世纪30年代开设锡苗贸易及进军砂泵采锡工业（砂泵矿场）。他本人则于20世纪50年代19岁时跟随父亲从事采锡业，至30岁左右父亲去世后，独自打理矿场事务。1985年马来西亚锡市崩溃，锡价暴跌，其属下的锡矿场及锡苗贸易受到严重打击，而最终于1991年全部停止操作及收盘本锡矿业务。他的祖父、父亲和他三代超过一百多年，都和霹雳州锡矿业结下了密切的关系。参见丘思东编著《锡日辉煌：砂泵采锡工业的历程与终结》，2015，"序"第3页。

② 罉：指用铁皮打造的小桶。

③ 样般：客家话，"怎么"的意思。

④ 的的：忙得团团转，不停淘洗。

⑤ 稳当：马来语untung的音译，意为赚钱。

一身油屎得人狂①（女）

月月出粮带回家（女）

唔够买油兼买粮（女）

4.

一技防身走四方（男）

粮银多少又何妨（男）

阿哥爱妹情意切（男）

两心相印万年长（男）②

又，丘思东摘录了三首反映当年梅州人前来马来亚矿场工作的情景的山歌：

1.

江边辞亲泪汪汪

家贫无奈过番邦

□③田□地□船脚④

唯有卖身作猪郎⑤

2.

漂洋过海去南洋

初到吡叻做唪瑯

锄泥担土挨到夜

双肩磨损周身伤

---

① 狂（客家音 kong）：怕。
② 丘思东编著《锡日辉煌：砂泵采锡工业的历程与终结》，2015，第 74 页。
③ □（客家音 mo）：没有。
④ 船脚，客家话，指"买船票的钱"。
⑤ 猪郎：此指"猪仔"，即苦力劳工。

3.
荒山野岭开矿场
野兽毒蛇满山岗
环境恶劣生活苦
夜半思亲倍感伤①

下引《过到番邦更加难》②更加细腻、如实地反映了当时南洋矿工们备受煎熬的生活苦况：

家中贫苦莫过番，过到番邦更加难，
若系同人做新客，三年日子样得满？

昔日谋生到外洋，初到锡山苦难当。
公司事务唔相识，冷言冷语刺心肠。

半夜三更就起床，带工催促乱忙忙，
三百六工足足做，总嫌夜短日子长。

去到佛郎系锡坑，又爱锄来又爱担，
一工算来做七点，七点做完命都冷。

讲起过番涯讨饶，挑等锡泥过浮桥，
千转过得千转好，一转失脚命会无。

日头似火热难当，挑担锡泥上跳绑，

---

① 丘思东编著《锡日辉煌：砂泵采锡工业的历程与终结》，2015，第31页。
② 罗可群：《广东客家文学史》，广东人民出版社，2000，第357~358页。

一身晒到锅底黑，心中苦楚谁思量？

番片岭岗无条松，只见杂树叶系浓，
唔见有人做屋住，只见客人搭茅棚。

贫苦唔好过番邦，日里热到难抵挡，
夜里蚊咬又蚊契，日里难过夜凄凉。

鸡啼半夜就起身，八次冲凉急无停，
唔冲又会发热病，日夜冲凉苦死人。

好花难有百日鲜，番片患病真可怜，
自己手中无钱使，无只亲人在身边。

想起过番真孤凄，水蟒准席搭准被，
转来大家喊番客，几多叼（雕）冻谁人知！①

苦劝叔侄莫过番，番邦唔得转唐山，
山高水远无依靠，辛苦日子唔得满！

另外，还有丘惠中的父亲当年教他唱的一首描写矿工贫困生活的山歌，为了方便比较，兹将歌词抄录于下：

天大光 Kepala② 喊出门，
举锄头，担畚箕，担到佛廊头③，

---

① "水蟒"，即浴巾。南洋地处热带，每天早晚要洗澡，干重活洗澡次数更多，人人都有一条浴巾。"雕冻"，即受苦受难。
② Kepala：马来语，指工头。
③ 佛廊头：马来语 palung 之音译，指矿场。

锄啊锄，担啊担，担到两角钱，不够买糕点。①

综合以上矿场中男女对唱的客家山歌内容，可见当年"卖猪仔"南来"做埠瑯"（当矿工）的梅州人，多因"家贫无奈过番邦"。南来后，为了谋求生计，客家男人被迫在"野兽毒蛇满山岗"的恶劣矿场当苦力，干起从早挨到夜"锄泥担土"的粗工；客家妇女则当起"琉琅女"，从事"洗琉琅"（dulang washing）的工作。他（她）们早晚不停地苦干，所赚取的区区工资（"两角钱"？），却连买糕点来充饥都还不够呢！

正因为"阿哥爱妹情意切"，再苦的日子仍能令热恋中的矿场男女享受"两心相印万年长"的幸福感。他们既已抱定要在南洋"淘金"致富的奢望和初衷，于是乎咬紧牙根、辛劳地工作，希望时来运转、埠瑯矿场带来丰厚的利润（"稳当"）；与此同时，在天公的庇佑（"多隆"）下，令他们得偿所愿地发大财、脱离困境，从此过着享福的好日子。可在现实生活中，真正成功脱贫而致富的矿工幸运儿，到底又会有多少人呢？

随着时间的推移，尤其是到了20世纪70年代，马来西亚的锡矿业已走向没落，矿场过去固有的传统生活环境也逐渐"消失"了。长久以来聚居于此的客家人，也因此被迫走向城镇谋求出路。这一切，都使矿场过去习以为常的男女山歌对唱场景不复重见，连随性唱山歌的机会减少了。

久住矿场的丘惠中，也于1973年举家迁移到吉隆坡去了。

丘惠中在搬家至吉隆坡之后10多年的岁月中，可能为紧张的城市生活所煎熬（当然还包括他一再慨叹已经失去的唱客家山歌的环境），他在这之后竟然不曾公开唱过一首客家山歌！

丘惠中在受访时，回忆重新公开唱客家山歌的契机时说："要不是我国政坛于1987年举行的一起（务边）国会议席补选②，我也极有可能不会重拾这份演唱（和创作山歌）的热情。"

---

① 台湾地区"行政院客家委员会"编著《静水流深：东南亚廿客家良材》，2009，第86页。
② 丘惠中于1987年义务为马华公会候选人陈祖排博士在务边国会议席补选撰写歌曲《华裔民族颂》，又以客家话录制《（务边补选）客家山歌》演唱光盘。

本文拟由此切入，探讨丘惠中如何重新开始他唱客家山歌和创作本土客家山歌的生动感人的历程。

二 1987年务边国会议席补选给丘惠中带来唱山歌的新契机

1986年的马来西亚全国大选，令以华裔为主的马华公会①尝到惨痛的败绩。1987年，正当马华公会面对国会议席补选"内忧外患"的紧急时刻，经过明察暗访，马华公会政宣部成员得知务边（Gopeng）国会议席选区的新村华裔选民大多数为客家人，大伙儿平时都爱唱、爱听客家山歌。因此有必要找个会唱客家山歌的人来录制客家山歌光盘，然后在每个务边国会议席选区播放，争取选民的支持。

会唱山歌的丘惠中在这时候"临危受命"，被马华公会政宣部"相中"，在此次国会议席补选中义务为马华公会候选人陈祖排博士的选战宣传队伍撰写和录制了一首励志歌曲《华裔民族颂》②及两首长篇客家山歌，作为争取补选区大多数客家人选票的"秘密武器"。

---

① 马华公会是"国民阵线"（Barisan National）麾下马来西亚三大民族政党［代表马来族群的"巫统"（UMNO）、代表印度人族群的"国大党"（MIC）和代表华人族群的"马华公会"（MCA）］之一。马华公会在1986年马来西亚大选中仅能在其政党名下出选的32个国会议席中夺得17个国会议席。就在大选后的几天，24家华资合作社因为所谓的"经营和管理不当"被政府冻结，58.8万名存款人陷入经济困境，马华公会也因此备受各方舆论的指责。更加不幸的是，身为马华公会总会长的陈群川局绅，因涉及教唆失信星泛电事件，在新加坡身陷图圄，被判监两年，导致他辞去先前中选的务边国会议席，务边议席遂悬空而必须举行补选。这时候，对马华公会不利的舆论纷纷出炉，各种丑闻和危机困扰着马华公会，党的形象和党员士气也空前低落。代表马华公会出征的国民阵线候选人陈祖排博士（国民大学副教授）须面对代表民主行动党（又称"火箭党"）的阿莫诺的挑战。为加强马华公会在政府方面争取华裔权益的谈判势力，这场补选对马华公会来说，只许胜，不许败。参见玉儿编著《圣战》，雪兰莪：Percetakan Ideal Sdn Bhd.，1987，第9页。
② 丘惠中撰的《华裔民族颂》的歌词曰：青青的胶园，一眼看不完；祖国的大汉山，南北贯通峰相连。我们的先贤，在这里建家园；风吹雨打中，奋斗多少年。华裔民族，华裔民族，经得起考验，只要赤道炎阳光不灭。华裔民族，华裔民族，千秋万世，直到永远。参见玉儿编著《圣战》，雪兰莪：Percetakan Ideal Sdn Bhd.，1987，第5页。

这件事，是丘惠中本人意想不到的！但毫无疑问，这次补选确实是他在10多年后重新公开唱客家山歌的契机！

丘惠中在其所著的《客家山歌情》一书中收入题为《义助陈祖排》的短文，开头所引的山歌正是当年为义助陈祖排补选而撰写、录制的那首助战五句板①客家山歌，其歌词如下：

> 山歌一唱四方响，亚叔亚伯眼光光，
> 都问今日为何事？拖男带女出门望，
> 人山人海闹洋洋！

> 人山人海闹洋洋，原来务边补选忙，
> 马华火箭争出线，两人斤两都相当，
> 看来看去费思量！

> 看来看去费思量，选出代表意义长，
> 民生问题待解决，不能只是用口讲，
> 实际服务才应当。

丘惠中于上引文中追忆道："想当年，合作社事件重创华人政党，总会长陈群川被迫辞去务边国会议席，由当时的国民大学副教授陈祖排'坐直升机'披甲出征，参与补选。在（陈祖排选情）'不被看好'的情势下，为了争取邻近几个新村客家选民的支持，（丘惠中唱的）客家山歌于是乎匆匆登场。"②

陈祖排于1987年5月28日的补选中，凭着4523张多数票打败了对手

---

① 客家山歌除了四句一首外，也有五句一首的，后者叫"五句板"或"竹板歌"。一般述事、记事和抒情的山歌，多数是以五句板来表述的。丘惠中所写的这首"五句板"山歌，还有一个特征，即是以每一节山歌末后的第五句，作为接续同一首山歌下一节的第一句，以之连贯成一首篇幅较长的述事山歌。参见张碧玉《丘惠中谈客家山歌》，载罗森祥主编《马来西亚嘉属会馆联合会金禧纪念：五十年的历程》（纪念特刊），2002，第378页。
② 丘惠中：《客家山歌情》，作者自印，2008，第60页。

阿莫诺,并于胜利后被委以副部长职务;而义助陈祖排补选的丘惠中因此受到时任内阁财政部副部长的陆垠佑所赏识,委之以秘书一职。

其后,被马华公会视为"助选灵丹"的丘惠中,1989年同样是在以客家人居多的安邦选区补选时,再度受邀为马华公会候选人翁诗杰站台唱山歌,结果也取得了漂亮的战绩。[①]

文章以下各节,将分别介绍丘惠中的本土化客家山歌及其对创作山歌的主张和看法。

三 丘惠中的本土化客家山歌举例

（一）拜年/团拜之山歌

1. 《客家拜年歌》
唱首山歌来拜年,春节家家庆团圆;
工作顺利人缘好,一年到尾笑连连。

唱首山歌来拜年,祝你身强力又健。
恭喜你,过新年,男女老少都团圆,
心想事成家幸福,一年头尾笑连连。(71)[②]

2. 《团拜唱山歌》
猴年一过鸡年到,惠州会馆真热闹;
各位乡亲来拜年,山歌一唱人人笑。

[①] 张吉安：《乡音考古：采集·行为·民俗·演祭》,雪兰莪：Cemerlang Publications Sdn Bhd.,2010,第85页。

[②] 本文以下引用的山歌除标明出处外,都引自丘惠中《客家山歌情》,作者自印,2008,以下用页码表示。

团拜安排十分好,有吃有饮有红包;
满堂都是吉祥话,句句祝你多福报。

出入平安住靓屋,财丁两旺万事足;
生意越做越发达,心想事成家幸福。(31)

(二)颂赞客家乡情之山歌

1.《乡情浓郁宴》
全国嘉应好同乡,一年一度聚一堂;
人人见面都问好,乡音乡情暖心房。(90)

2.《客家山歌情》
客家山歌情义深,客家情歌也甜心;
一听山歌更亲切,山歌一唱亲上亲。(109)

(三)歌颂马来西亚和华裔建国先贤的山歌

1.《心爱的家乡》①

---

① 河婆籍客家人已故张肯堂(1918—2016年)先生,亦为马来西亚创作客家山歌的高手。他有一首题为《三届河联大会开幕》(五句板)的长篇创作山歌,其中两则的歌词堪称优秀"爱国山歌",亦庶几可与丘惠中《心爱的家乡》相匹比,为方便参照,兹抄录于下:
中华文化万年长,有闲时候话家常;
擂茶菜板皆文化,千山万水过南洋;
日久他乡已故乡。

日久他乡已故乡,落地生根正久长;
涯兜同胞爱团结,三大民族共一堂;
马来西亚定富强。

日头出山照四方，一照照到我家乡；
心爱的马来西亚，政治稳定少灾殃。

人民团结勤劳动，国家进步又富强；
三大民族共建设，多元文化露芬芳。

祖国江山多美好，处处都有好风光；
发展工农现代化，实现伟大的理想。

日头出山照四方，一照照到我家乡；
心爱的马来西亚，人民幸福乐洋洋。(26)

2.《功劳先归叶亚来》（南洋五句板山歌）
山歌唱来堆打堆，唱到月光爬上来；
唱到阿妹眯眯笑，唱到阿哥目无睡；
阿公阿婆笑开口。

阿公阿婆笑开口，好久未曾听歌台；
今日听到歌声起，好像唐山有人来；
带来山歌好精彩！

客家山歌好精彩，山歌好比客家菜；
鱼丸扣肉酿豆腐，菜板擂茶样样会；
莫话客家无人才。

客家当然有人才，山芭大埠双手开；

吉隆坡有今日旺，功劳先归叶亚来①；
客家精神千万代。②

（四）倡议多元族群和种族文化交流之山歌

1.《华族的遗产》
四海一心为文化，马来西亚是我家；
粤剧山歌福建戏，海南潮州竞开花。(3)

2.《生命加油站》③
拉沙沙央配山歌，文化交流真唔错；
优良传统齐爱惜，山歌班顿将手拖。(86)

四 创作本土化客家山歌的主张

如前所述，丘惠中慨叹过去唱山歌的环境已经消失了。要让新时代的客

---

① 叶亚来（Yap Ah Loy, 1837—1885年），又名叶德来，祖籍广东惠阳区淡水镇周田乡。1854年，叶亚来17岁时，离开家乡南来寻求出路。1859~1962年前往双溪乌戎，结识刘壬光，继而担任甲必丹盛明利保安队副总巡。其后，他前来吉隆坡协助刘壬光，奠定他在吉隆坡的基业，并于1868年接任吉隆坡甲必丹。他是马来西亚杰出的拓荒者、成功的矿业家，也是开辟、建设吉隆坡的元勋。他以不屈不挠的精神，三次重建吉隆坡，给吉隆坡带来安定和繁荣，为吉隆坡日后进一步的发展奠定了物质基础。参见李业霖《读史与学文》，吉隆坡：红蜻蜓出版有限公司，2010，第165~169页。刘崇汉编著《甲必丹叶亚来》，作者自印，1991，第2页。像叶亚来这样的马来西亚建埠功臣，却被世人所遗忘，丘惠中为之抱不平，在这首客家山歌中，对之作出了很高的评价，他于山歌中赞颂道："吉隆坡有今日旺，功劳先归叶亚来，客家精神千万代。"
② 张吉安：《乡音考古：采集·行为·民俗·演祭》，雪兰莪：Cemerlang Publications Sdn Bhd., 2010，第88页。
③ 惠州会馆山歌班的学员张光明博士颇有见地地指出："客家山歌跟马来班顿有共通之处，两者可作文化上的交流与融合。"这一说法获得丘惠中的认同，但实行起来不容易。丘惠中不无感叹地说："（该由）谁来推动呢？"

客家山歌在马来西亚的"本土化"

家人认同这种自由自主（此指放任自如——作者注）的说唱山歌艺术，并不是一件容易的传承任务！为此，丘惠中绞尽脑汁寻找大家熟悉（容易产生共鸣）的（歌唱）题材。

丘惠中在访谈中一再强调："我们不能因为中国现在唱什么，我们就跟着唱什么，这不是客家山歌的精神！山歌一定要本土化，不能偏离生活，我随时都会在不同的场合里，寻找不同的灵感，我（甚至）可以改编大家熟悉的 Rasa Sayang①、唱大家知道的历史人物叶亚来、还可以唱增江人的生活等等，这就是客家山歌的原貌！"②

主张古为今用的丘惠中，以推陈出新的手法来发扬和创作山歌。下面摘录4首他创作的山歌，我们可从内容中见其本土创作构思：

1. 《山歌新面貌》
山歌不是老古董，时代产生新内容；
旧瓶新酒出新味，新瓶新酒情意浓。（1）

2. 《说唱客家歌》
山歌不一定要唱，不唱口说又何妨？③
且看班顿四行诗，一说一和见真章。（39）

---

① 丘惠中改编的 Rasa Sayang 山歌内容如下：Rasa Sayang hei Rasa Sayang Sayang ei, Hei Lihat Nona Jauh, Rasa Sayang Sayang ei. 山歌一唱闹洋洋，大家听了心花放，两国文化来交流，马中友谊万年长。这首改编山歌，在1995年雪隆嘉应会馆组织的"中国梅州探亲寻根团"于抵达梅州市（梅县）当晚主家接风晚宴上，由丘惠中代表马来西亚访团在宴会上演唱。参见丘惠中《祖籍山水故乡情》，〔马〕《光明日报》1995年11月17日。
② 张吉安：《乡音考古：采集·行为·民俗·演祭》，雪兰莪：Cemerlang Publications Sdn Bhd.，2010，第87页。
③ 丘惠中指出："所谓'无唱不成歌'，（但）客家山歌（却）没有这种限制。正如'Rap-Talk'（Rapid Talk 的美国俚语），'不唱只说也成歌'；班顿如此，山歌亦然。由于结构相对相同，有节有韵，山歌与班顿都是可说可唱。"他还说："先学说，后学唱。也许是客家山歌一条'起死回生'的道路。"

3. 《创作山歌路》
自古诗经比兴赋①,创作山歌有门路;
比喻双关歇后语,出口成歌人佩服。(70)

4. 《何堪山歌情》
发扬山歌不容易,又写又唱费心机;
优美文化东逝水,苦中作乐谁人知?(105)

在客家山歌创作的道路上,丘惠中向来不拘泥于传统而故步自封。他倡导"山歌不是老古董,时代产生新内容",但也不排斥传统,甚至还借鉴和发扬《诗经》十五国风的优良传统,鼓励常用"赋""比""兴"和双关、对偶、比拟、夸张、排比等多元创作手法,来抒发人们的思想感情,描绘、刻画人们各种复杂的心理,以及反映民众丰富的社会生活。②

丘惠中也关注马来民族创作的"班顿"(Pantun)③四行诗,并采用马来

---

① 丘惠中尝说:客家山歌的创作,有《诗经》的影子。他引述张弓《河婆客家山歌选集》"序"里的话:"关关雎鸠,在河之洲,窈窕淑女,君子好逑。用语体文可译成:雎鸠鸟关关对唱,在那河中小洲上;美丽善良的姑娘,哥想和她配成双。"因此他认为山歌与"国风"有异曲同工之妙。他复引一首山歌:"清水池塘一对鹅,摇摇摆摆来唱歌,好比哥妹成双对,一个唱来一个和。"他认为这是"现代(版)诗经"的"国风"。他还说,山歌美,美在它是中华美文化的传承,可以是"旧形式、新内容",也可以是"新内容、新形式",就看你如何把握。
② 陈菊芬编著《天籁回响:广东客家山歌》,花城出版社,2008,第6页。
③ 著名学者和翻译家吴天才指出,"班顿"是马来民族自己创作的诗歌,虽然它是中古时代马来社会的旧产物,但它在马来亚以及印尼的土地上早已根深蒂固,在马来民族和印尼人民的心中业已开花结果,是马来半岛及马来群岛各地最流行的民间歌谣。青年男女借它以诉说衷情作为表达爱情的工具;老年人借之以训诲儿孙;小孩则借之以揶揄或戏谑他人。班顿之所以为马来社会各阶层人士所普遍爱好,主要是由于它具有简洁动人的词句,自然纯朴的形式和优美和谐的音节,且易于传达心声,抒发感情。"班顿"之原意为"显喻""比喻"或"韵文"。最初,这种诗歌是用一种比喻的方式来表达某种思想或感情的韵文,仅以口头传诵,后来才变成了"转喻式"的"四行诗"的专有名词。参见鲁铤(吴天才)编译《马来班顿》,吉隆坡:东南亚华文文学研究中心,2002,第1~2页。

民间歌谣"拉沙沙央"（Rasa Sayang）[①]来搭配客家山歌之演唱，不但推陈出新，还体现了传统的"新味"，对促进马来西亚不同民族间的文化交流作出了贡献。

在马来西亚发扬山歌并不容易，丘惠中以一己之力历年来又写又唱，为推广客家山歌费尽了心机，但所获的成效远远不如他所付出的精力，不免令他黯然神伤，感叹客家山歌那样的优美文化，竟犹如逝水般地付诸东流！眼看所做的一切努力回天乏力，他只能在"苦中作乐"的客家山歌创作中自得其乐。那种英雄迟暮的无力感，又有谁知道呢？他对现实的无奈和感叹，也在他创作的山歌的字里行间显露出来，令人感同身受。

他反问："客家山歌值得发扬吗？"然后把问题的答案交由"全国客联会以及其属下各州客家单位组织来回答"。他坦承自己"并不看好客家山歌，但对它却有很深的感情"[②]。

五　传统/当今之客家劝世山歌

1.《传统伦理劝世歌》
一来奉劝后生人，记得爹娘养育情；
细时食娘身上血，辛苦带大长成人。

二来奉劝一家人，兄弟姐妹骨肉亲；
彼此相亲又相爱，家和才能万事兴。

[①] 马来民间歌谣"拉沙沙央"的歌词只有短短的4句：Rasa sayang, hei rasa saying sayang ei , hei lihat nona jauh, rasa sayang sayang ei。大意是（青年）目睹远处少女的（倩影），当下心中对之产生的深深爱意。由于"拉沙沙央"歌词节奏轻快、简洁动人，故此常为人所传唱。久之，更有人将它与"班顿"搭配，使四行诗的"班顿"更具音律美感。近年来，也有华乐团以二胡演奏"拉沙沙央"，奏出的旋律尤为清新、动听，深受各族人士欢迎。

[②] 丘惠中：《客家乡情长又长》，〔马〕《光明日报》1997年11月22日。

三来奉劝公婆人，夫妻相处要真诚；

莫因小事伤和气，积怨一多伤感情。(19)

以劝世为主旨，是客家山歌基本的传统内容。丘惠中采用以上3段伦理劝世山歌，以讲唱的方式，针对父母养育恩情、兄弟姐妹骨肉亲情、夫妻恩爱相处之道，娓娓道来，足以成为家庭各成员作为妥善处理亲情伦理关系的参照。作者借此传达"家和万事兴"之意，希望家家都能幸福、美满。像这类题材的山歌内容，不受时空局限，以此作为居家相处之道，历久而弥新！

2.《赌球成痴迷》

有人熬夜看足球，一时欢喜一时忧；

如此疯狂又何苦？原来都是为了赌。(91)

世界杯足球赛期间，大家好像只为了足球赛而活。入夜，街道冷清，餐馆、购物市场空荡荡的，放映球赛的"嘛嘛"（印度人）拉茶档却座无虚席，不时传出球迷的呐喊声、欢呼声。赢了赌注的人雀跃万分，输了赌注的人则愁容满面。这期间，大家起早第一件事，就是翻阅报纸，看看精彩球赛图片和专家作出的赛情分析，然后细想下一场该押哪一注，思量今晚是否有时间看球赛。

上文丘惠中的《赌球》客家山歌，虽然只有短短的四句，却极为传神地为我们描绘了当今社会赌球者所显露的丑陋众生相，也借此劝诫世人切勿赌球成痴迷，以免害人害己！在这里，丘惠中"古为今用"地借用传统的客家劝世山歌体裁，发挥同类题材的新时代劝世意义。

六　谦卑、低调的丘惠中

《歌王别人当》[①]

[①] 原注：这首山歌是丘惠中（自称"老丘"）的表白。他会唱山歌，可他不参加歌唱比赛，因为他喜欢自在，不喜欢相比。他说："要比你去比，歌王还是让别人当吧。"

> 有人叫我山歌王，老汉实在不敢当；
> 一山更有一山高，还有别人比我强。
>
> 要唱山歌我就唱，从来不想做歌王；
> 唱得好来多鼓掌，唱得不好请原谅。
>
> 客家山歌客人唱，客家文化来发扬；
> 人人都是山歌手，山歌唱到万年长。（28）

丘惠中认为："马来西亚的客家山歌，基本上已经没落。"他在马来西亚、中国大陆和台湾唱歌，有人称他为"大马山歌王子"，对此美誉他不但没有半丝喜意，反而"心里的感受是凄凉的"①。

何以故？他自谦道："一山更有一山高，还有别人比我强。"他不想当独一无二的唱山歌高手，他最希望看到的情况是"客家山歌客人唱，人人都是山歌手"，如此，则客家山歌就可以发扬开来，让马来西亚的山歌"（传）唱到万年长"，呈现一片欣欣向荣的盛景。

另外，传统山歌其实充满喜怒哀乐，但以慢板哀怨者居多（故此一般人不免先入为主地视客家山歌是替丧家打斋唱的"死人歌"）。为了摆脱"客家山歌是死人歌"的刻板、错误观念，丘惠中在自己开办的客家山歌班上给学员介绍山歌唱腔，多以高昂悠扬、有快有慢、优美动听的旋律为主；而他所著的《客家山歌情》自然成为山歌班的示范教材，书中收入的客家山歌，成功地给学员们带来"新鲜感和时代感"②。这是丘惠中为客家山歌"正名"之余的又一重大贡献！

为了传承客家山歌，他凭个人微薄的力量，配合各处客家会馆进行了系

---

① 基于此，无论写山歌、唱山歌，还是教山歌，丘惠中常有"千山我独行"的寂寞感。丘惠中：《客家山歌是死人歌》，〔马〕《光明日报》1995 年 7 月 9 日。

② 丘惠中：《客家山歌是死人歌》，〔马〕《光明日报》1995 年 7 月 9 日。

列讲唱、传授客家山歌的活动。他曾在沙巴亚庇崇正中学主办"客家山歌讲唱会",在柔佛新山客家公会主持"客家山歌训练营",在吉隆坡惠州会馆主持"客家山歌一日营"。这些活动,显然远远不足以传承他所深爱的客家山歌。因此,他又先后在雪隆惠州会馆、隆雪客家总会、雪隆嘉应会馆开班授徒。其中,他在惠州会馆的客家山歌研习班授徒的时间较长,学员当中也有非客家籍贯的人。

为使客家山歌不在马来西亚失传,同时在一众友人的鼓励下,丘惠中毅然在2003年自己出资录制了一张弥足珍贵的名为《大马山歌手丘惠中:客家山歌讲唱辑》CD光碟,内含19首他清唱的客家山歌及他为每首山歌所作的"说白"。其中包括《客家人寻根之歌》《心爱的家乡》《增江是我的故乡》《功劳先归叶亚来》《拉沙沙央唱山歌》《有人叫我山歌王》等丘惠中创作的经典本土客家山歌。

其后,丘惠中还与他在惠州会馆客家山歌班传授的一众学员一起录制了两张取名为《客家优秀之声》(第一辑、第二辑)的客家山歌讲唱辑CD光碟,第一辑是清唱,第二辑则有配乐,两者各有风味。

虽已年迈,但丘惠中仍壮心不已!他对外公开自己的愿望,那就是:不停息地高唱"句句听来心里甜",而又"紧(越)唱紧后生(年轻)"的山歌。他更豪迈地宣称:"涯(我)今只有60岁,至少还唱10年添。"①

七 小结

丘惠中曾自吟道:"我心且向明月照,丘陵起伏路难行,惠泽世人还夙愿,中流砥柱识论经。"可见,推广和发扬马来西亚的客家山歌事业,虽"路难行",但始终是他此生竭力奋斗,期望可以惠泽世人(尤其是客家人)

---

① 丘惠中:《客家乡情长又长》,〔马〕《光明日报》1997年11月22日。说这句话时(1997年)丘惠中60岁,他说自己至少还要唱10多年。20年后,笔者于2017年7月26日在丘惠中家中对他进行访谈时,一谈到他深爱的客家山歌时,他仍情不自禁地为笔者高歌数曲,令笔者兴奋不已。

的"夙愿"。

回首前尘,丘惠中以"是非得失像云烟,问心无愧最重要,损人利己不沾边"的坦荡誓言,作为自己一生行事的注脚,这也是他目前的心境写照!

借着受邀于嘉应学院客家学研究院主办的国际学术研讨会上发表论文的机会,笔者谨草此文向马来西亚国宝级客家山歌创作人和著名客家山歌手——丘惠中兄致敬!并恭祝他老人家老当益壮,继续为马来西亚的客家山歌传播事业作出巨大的贡献!

参考文献

台湾地区"行政院客家委员会"编著《静水流深:东南亚廿客家良材》,2009。
丘思东编著《锡日辉煌:砂泵采锡工业的历程与终结》,2015。
《马来西亚第一届锡矿节手册》,2015。
张吉安:《乡音考古:采集·行为·民俗·演祭》,雪兰莪:Cemerlang Publications Sdn Bhd., 2010。
玉儿编著《圣战》,雪兰莪:Percetakan Ideal Sdn Bhd., 1987。
罗森祥主编《马来西亚嘉属会馆联合会金禧纪念:五十年的历程》(纪念特刊),2002。
罗可群:《广东客家文学史》,广东人民出版社,2000。
丘惠中:《客家山歌情》,作者自印,2008。
鲁铿(吴天才)编译《马来班顿》,吉隆坡:东南亚华文文学研究中心,2002。
陈菊芬编著《天籁回响:广东客家山歌》,花城出版社,2008。
张肯堂编《河婆客家山歌选辑》,作者自印,2002。
李业霖:《读史与学文》,红蜻蜓出版有限公司,2010。
刘崇汉编著《甲必丹叶亚来》,作者自印,1991。

艰难选择：从叶落归根到落地生根
——以马来西亚龙岩籍华侨为例

张佑周*

摘　要： 福建省龙岩地区的人民从明清时期就开始较大规模前往南洋谋生，虽历经数个世纪，但移民大多不愿意在南洋当地落地生根，而是将自己定位为总要叶落归根的侨居者。其原因主要有三个：一是男人只身下南洋，女人留祖地持家；二是西方列强的殖民统治；三是侨居地时有排华事件。但第二次世界大战结束之后，龙岩籍华侨的落地生根观念逐步取代叶落归根观念。其原因也主要有三个：一是漂洋过海，路途遥远；二是已成家立业，携家带口；三是东南亚各国独立，中国不承认双重国籍。于是，从20世纪50年代开始，侨居马来西亚的龙岩籍华侨大多自觉或不自觉地在当地落地生根，并进一步融入当地社会，成为多民族大家庭中的一员，为其新的多元民族国家服务和贡献，扮演着与其他民族和谐相处的角色。

关键词： 移民　马来西亚　龙岩籍华侨

自古以来，大凡移民外地谋生创业或为官作宦的人都有叶落归根的情结。与"叶落归根"一词有相同意思的表述最早见于《荀子·致士篇》，原

---

* 张佑周，龙岩学院人文与教育学院原院长、教授。

句曰"水深而回,树落则粪本",《汉书·翼奉传》注引申为"木落归本,水流归末"。宋人释道原所作佛教书籍《景德传灯录》首见该词,六祖惠能涅槃时,答众曰:"落叶归根,来时无日。"后陆游诗也有佳句云:"云闲望出岫,叶落喜归根。"

当然,并不是所有移民外地谋生创业或为官作宦的人都能叶落归根。许多人因为战乱、灾祸或其他种种原因不能回归故里,只能落地生根,在异地发展,甚至成为异地的开拓者。比如自唐宋以来先后形成的福佬民系和客家民系的先祖们就是这样的开拓者。

虽然客家民系和福佬民系都是因中原汉人避乱南迁而形成,许多客家先民和福佬先民都是千百年前辗转南迁、筚路蓝缕的中原汉人,虽然当年的南迁汉人曾经家山北望,一步一回头,甚至像陆游那样很不情愿地谆谆嘱咐孩子"王师北定中原日,家祭无忘告乃翁"。但客家先民和福佬先民毅然决然地在闽西南这片新的陌生土地上扎下根来,开发垦殖,甚至创造了新的辉煌。他们依据《礼记·祭义》里"建国之神位:右社稷,而左宗庙"的规定,略作变通,演变出适应宗族层次的规范,就地创建土地神庙和祖先祠堂,重构文化传承。于是,这些先民不仅可以祭祀地方上的土地神祇,还可以就地祭祀自家的祖先。这就意味着人们可以结合祖先文化和土地资源,一起体现出"祖"与"社"的精神,赋予土地与人生命相连的历史文化意义,转化他乡为故乡。于是,先民们不仅或心甘情愿或无可奈何地实现了自身的落地生根,也实现了以持续的历史进程完成文化的落地生根,建构起群体的"生于斯、长于斯、死于斯"的本土归属情感。

然而,远涉重洋移民海外的华侨尤其是自明清以来跨海南渡南洋群岛及中南半岛谋生的龙岩福佬人和客家人却一直难以获得这种归属感,甚至经历数个世纪,进入当代全球化时期,才作出了艰难的选择。

一 难以落地生根的原因

福建省龙岩地区的福佬人和客家人从明清时期就开始较大规模前往南洋

谋生，但在很长的一段时间内，他们大多不愿意在南洋当地落地生根，而是将自己定位为总要叶落归根的侨居者。究其原因，主要有三个。

（一）男人单身下南洋，女人留祖地持家

早期往南洋者几乎全是男人，因为无论是福佬人还是客家人，其家庭分工模式都是中国传统社会的"男主外女主内"模式。因此，下南洋时男子如果已经结婚，就将妻子留在家里，她们不仅侍奉公婆，养育子女，甚至还要上山下田，操持家庭生计；下南洋时男子如果没有结婚，则大多也在几年以后赚得盘缠回乡娶妻，同样把妻子留在家里，自己重又下南洋。

因此，龙岩地区早期下南洋的人大多身在南洋，心在家乡，就像永定客家山歌所唱：

> 男：人在番邦心在家，
> 年少妻子一枝花。
> 家中父母年纪老，
> 手中有钱难传家。
>
> 女：郎在番邦妹在唐，
> 两人共天各一方。
> 妹在唐山无双对，
> 郎在番邦打流郎。

对家乡思念，对亲人也想念，相思绵绵，似无绝期！海外游子有家难归，只得加倍努力，尽快挣钱，以期对家人有所帮助，以尽自己男子汉大丈夫的责任。永定客家山歌唱道：

> 千辛万苦出南洋，
> 一片大海水茫茫。

敲锡屎来割橡胶,

积点银钱寄家乡。

这种现象是相当普遍的。今龙岩市永定区下洋镇侨乡的许多村庄，如中川村、东洋村、翁坑美村，长期以来因为男子下南洋谋生，许多家庭妻子在家侍候公婆，抚养子女。许多家庭甚至父子两代都下南洋谋生，婆媳一起在家"守活寡"撑持家业，儿媳妇终于熬成婆之后，又让自己结了婚或没结婚的儿子下南洋，让儿媳妇重复自己与婆婆同"守活寡"的故事。于是，这些村子都成了"活寡妇"村，女人们上山下田，挑担赴墟，甚至役使耕牛犁田耙地打辘轴，承担男人干的重体力劳动；于是，逢年过节，春秋祭祀，除了少量有男人未下南洋或有男人"荣归"的家庭之外，大多数家庭都由女人操持祭祀；于是，久而久之，这些地方的宗祠神庙成了女人群聚之所在，许多家庭的祖宗墓地祭祀也由女人承担。

下南洋的男人肩负着挣钱养家的重任，甚至期望发家致富，光宗耀祖。虽然有的人运气较好，能实现愿望，但大多数人都像前述客家山歌唱的那样"手中冇钱难传家"，有的人甚至如贺知章的诗所言："少小离家老大回，乡音无改鬓毛衰。儿童相见不相识，笑问客从何处来。"如马来亚怡保著名"锡矿大王"胡曰皆的父亲胡深斋（根益），15 岁（1884 年）下南洋去槟城学裁缝，21 岁回乡奔父丧，26 岁再赴槟城。35 岁（1904 年）在霹雳务边与人合资经营小矿场及经营锡米店后，才将妻子带去团聚。1907 年生下胡曰皆后，因思念家乡亲人再携眷回乡。1908 年，39 岁的胡深斋又因生计问题只身再赴南洋。1914 年胡深斋因病回乡时，已经 7 岁的胡曰皆已经不认识父亲了。同是今龙岩市永定区下洋镇的比胡曰皆更早发达的马来亚"锡矿大王"胡子春也同样在少年时代（13 岁，1873 年）只身下南洋，梦想发财致富赡养早年寡居、含辛茹苦将自己抚养成人的祖母。虽然胡子春因为在老家曾读私塾，略通文墨，且会珠算，精通生意，得到增城籍富商郑家的赏识，并与郑氏女喜结连理，无须回乡娶亲。但他还是拼命挣钱，赡养祖母，要实现下南洋挣钱买田盖大屋的宏愿。后来，胡子春虽然已在南洋落地生根，但也在老家下洋河树窠买田买山，盖起豪华的方土楼——荣禄第。他是否念念不忘日后叶落归根？殊未可知。

到民国以后，还有大量的龙岩、永定人移民海外。如1940年，龙岩社兴人苏振伍只身赴槟城。此前他已结婚生子，为了侍奉父母，养育儿子，他将妻子留在家中。其后他虽然除了寄钱养家外，隔两三年也回来看望父母妻儿，且妻子又生下两个女儿，但他一直单身在南洋。直到1956年父母去世后，他在槟城的杂货店生意也有了一定的基础，才让妻子带着三个孩子来南洋团聚。

（二）西方列强的殖民统治

时至晚清，南洋华侨即使欲落地生根也深陷列强占据南洋诸国的殖民统治之中，诸多屈辱诸多艰难，难以如愿以偿。

1402年，巨港王子拜礼米苏拉在马来亚马六甲建立马六甲王朝，1403年得到大明永乐皇帝的承认，其版图涵盖马六甲乃至马来半岛的局部土地，奉伊斯兰教，立国世袭。赴马六甲谋生的华侨能得到大明王朝的庇荫，自然落地生根不难。然而，1511年，葡萄牙殖民者征服并灭亡了马六甲王朝，马来亚第一次成为西方列强的殖民地。1641年，欧洲新崛起的殖民帝国荷兰挥兵东进，葡萄牙人战败，马来亚被转手让给荷兰，再次成为西方列强的殖民地。[1] 华侨于是与马六甲土著同样成了亡国奴。

1745年，永定人张理、马福春和大埔人丘兆进率一批华人南渡七洲洋（南海），穿越马六甲海峡，登上马来半岛西北海滨岛屿槟榔屿。上岛后，他们大多数人以打鱼为生，马福春擅长烧炭，遂以烧炭供丘兆进等打铁为生，而张理则由于是"闽永定之宿儒也"，在老家曾教过私塾，故"至槟训蒙"[2]。张、马、丘三人常聚，义结金兰。逝世后，三人被客家惠州、嘉应、大埔、永定、增城五属奉为海珠屿大伯公，立庙祭祀。

---

[1] 钟敏璋编著《马来亚历史》，东南亚出版有限公司，1959，第47~51、112~113页。
[2] 汤日垣：《海珠屿大伯公庙章程序》，新加坡南洋学会《南洋学报》第十三卷第一辑，1957，第54~56页。

虽然少有资料表明张理、马福春等与永定老家的联系密切与否，也少有资料表明他们在槟榔屿是否娶妻生子，建立家庭，但从他们陆续逝世后都由乡人予以安葬，1810年永定中川村人胡靖还带领大众为大伯公立祠，并赠送"同寅协恭"匾额，就足以说明，张理、马福春等的落地生根，应该是迫不得已的，因为他们并未挣到足够多的钱荣归故里，甚至连身后事都由乡人处理。

但张理、马福春等毕竟是开山地主，他们为乡人谋得了立足之地。正如客家五属在槟城大伯公街行宫大门石柱所镌刻的楹联所云："我公真世界畸人，当年蓑笠南来，剪棘披榛，亟为殖民谋得地；此处是亚欧航路，今日风涛西紧，持危定险，藉谁伸手挽狂澜？"如果不是"风涛西紧"，则后来的乡人在当地落地生根应该是理所当然的。

之所以"风涛西紧"，是因为在1786年，拥有槟榔屿领土权的马来亚吉打苏丹，面对暹罗的威胁，请求英国东印度公司派出军舰保护，从而割让槟榔屿。于是，英国人莱特于当年8月11日迫不及待地武装登陆槟榔屿，并于1791年4月彻底打垮吉打苏丹，迫其订城下之盟，完成对槟榔屿的彻底占领。

虽然南洋各埠华侨华人都像槟榔屿以下洋胡靖等为代表的华侨华人那样，立庙建社以正人心，代代祭祀以传文化，甚至或办学兴校，或成立商会乡帮，以使中华传统文化得以落地，使原乡习俗得以流传，进而为所在地作出贡献，实现扎根。然而，"风涛"日益"西紧"，终于打断了自明代郑和下西洋开始的华侨华人主导的开发南洋、"声教南暨"[①] 的进程，也打断了许多华侨华人落地生根的梦想。

1600年英国人成立东印度公司，1602年，荷兰也成立东印度公司，它们的共同特点是政府用军事力量保护公司的发展，用早期资本主义模式促成官商的合作体，并且通过政商合作，在海外开拓殖民地。例如，1619年，

---

① 1904年清光绪皇帝赠槟榔屿华侨华人的御笔题词，参见王琛发编著《功德振勋焕南邦——张弼士诞辰一百七十五周年纪念》，马来西亚道理书院，2016，第21页。

荷兰人武装占领巴达维亚（雅加达），1641年荷兰人攻陷马六甲，就是打着东印度公司的旗号。1786年英国人莱特带兵攻占槟榔屿，也是打着东印度公司的旗号，并于1786年8月11日宣布："吾今奉总督（麦克浮爵士）及孟加拉国议院训令，于今日占据此岛，名槟榔屿，今名威尔斯太子岛（Prince of Wales），并奉乔治第三陛下之命，监视不列颠国王（英国）国旗竖立于岛上，以供不列颠东印度公司之用。"①

其后，1800年，荷兰人建荷属东印度殖民地。1819年，英国人占领新加坡，1826年成立包括槟城、马六甲和新加坡的海峡殖民地。1896年成立马来联邦及五个马来属邦，完成了对整个马来亚的殖民，被称为英属马来亚。1824年，英国人攻占仰光，1855年，英国人完成对缅甸全境的占领，缅甸成为英国殖民地。1858年9月，法国人在越南中部岘港登陆，随后占领岘港，1861年后又占领西贡（今胡志明市），6年后又占领了南圻，并将其更名为交趾支那。1883~1885年，法国与清朝爆发中法战争，占领了越南中部、北部及柬埔寨，将越南中部更名为安南，北部更名为东京。1885年，中法签订《天津条约》，清朝正式放弃对越南的宗主权。1887年10月，法属印度支那联邦正式成立。1893年法暹战争中，老挝也被收入法属印度支那联邦，法国于是拥有中南半岛大部分地区的统治权。

西方列强对南洋各地的殖民统治，不但改变了南洋地区的落后乃至蛮荒状态，也改变了中国人"丕冒海隅"的初心和移民到南洋各地华侨的命运。这是因为，西方列强在南洋各地殖民统治的目的，主要是掠夺资源和财富，包括开矿和开垦种植，都需要大量的劳动力。与莱特占领、开辟槟榔屿几乎同时南来的大量中国移民，成了开发南洋各殖民地所需劳动力的主要来源。比如莱特在占据槟榔屿之后3个月的1786年10月就曾高兴地说："我们的居民增加得很快，有印度人、华人及洋人。他们每个人都尽力和尽快地建设。"② 而1794年2月他在给英国东印度公司上司的报告中更是明确地说：

---

① 书蠹编《槟榔屿开辟史》，顾因明、王旦华译，台湾商务印书馆，1969，第59页。
② *Penang Past & Present* (1786-1963), City Council of Georgetown, 1966, p. 1.

"华人成为我们居民中最宝贵的一环,有男女及儿童,约3000人,从事各种不同的行业,如木匠、石匠、金匠、店员、种植人、商人。"① 然而,这些华人移民自认为不是当地的主人,他们南来的主要目的是挣钱养家,就像莱特报告的那样:"他们永不知倦地追求金钱,并与欧洲人一样,花钱购买东西以满足自己。他们不等待筹足了钱回到祖地,而是每年将所得部分寄回家乡的家人,这也促成贫穷的工人拼命再做第二份工作,以获取多2至3块钱,作为汇回乡之用。这种现象是很普遍的。"虽然他们赚到钱后也会娶妻生子,但最初的目的也仅仅是建立家庭,而不是落地生根。这也如莱特报告的那样:"一旦他们储蓄一点钱,就会娶妻生子过着正常的生活。他们对子女教育重视,有时也送男孩回中国接受完整教育,但女孩则留在家中,严加看管,直到她们出嫁,才有较大的自由。他们热衷于赌博,而不节制,遂造成他们蒙受许多挫折而以失败告终。"②

已娶妻生子的海外华侨将孩子送回中国接受完整的传统教育,其实也是不愿意落地生根的表现。这种情况在永定下南洋的人中相当普遍。如乾隆末年往槟榔屿谋生的胡曾育,在当地经营种植园收入颇丰,娶妻生子后将儿子胡泰兴送回永定下洋中川老家接受传统教育。数年后胡泰兴重回槟城,后经营种植园及百货取得成功,成为槟城富翁,还当上市议员,槟城至今仍有以他的名字命名的"泰兴街"。万金油大王胡文虎的父亲胡子钦也只身南渡至仰光,开设永安堂国药行,娶妻生子。1892年,胡文虎10岁的时候,胡子钦也送他回中川村接受传统教育,4年后再让他回仰光习医习商。

(三)侨居地的排华事件

南洋各地由于欧洲殖民者和华人、印度人的大量移入,当地土著族群的生活秩序被打破,各族群间的矛盾也时有发生,有的地方甚至出现排外事

---

① Victor Purcell, *The Chinese in Southeast Asia*, Second edition, Oxford University Press, 1965, p. 244.
② Victor Purcell, *The Chinese in Southeast Asia*, Second edition, Oxford University Press, 1965, p. 244.

件。虽然马来亚没有发生像荷属东印度巴达维亚"红溪惨案"①那样的殖民当局大肆屠杀华侨华人的事件,但外来移民在一些地方遭遇排斥甚至武力驱逐也时有发生,因此排华事件也时有发生。

19世纪末,中国东南沿海甚至包括龙岩地区等出海较为方便的山区人民大量移民海外,清政府的有识官员虽然也意识到"出洋华民数逾百万,中国生齿日繁,藉此不少各国渐知妒忌,苛虐驱迫接踵效尤",建议朝廷设立领事"加意抚循",使海外华人"自然团结为南洋无形之保障"。②提出这个建议的张之洞甚至奏请清政府向南洋华人推售官衔,"奖以虚衔封典翎枝专充领事经费"③,还可购买军舰护侨及维持新加坡和吕宋的领事馆。然而,弱国外交还得看他人脸色,护侨的领事馆也常常形同虚设。1887年,清朝第三任驻新加坡总领事左秉隆的好友李钟钰访新时,就曾批评英殖民当局掠夺大清领事权力,设立华民护卫司以事事刁难华民。④而清政府出使英、法、意、比的钦差大臣薛福成则在1890年报告皇帝:"各国开荒为巨埠,专赖招致华民,而洋人实属寥寥。一经我设立领事,彼不免喧宾夺主之嫌,又碍其暴敛横征之举,所以始必坚拒,继则宕延。"⑤因此,张之洞的买舰护侨之举只能留待后人。

华侨没有强大的祖国作后盾,其境遇可想而知。华侨被打压、排斥乃至屠杀的现象在南洋各地时有发生。例如,早在1867年8月,马来亚槟城爆发为期10天的华人私会党械斗之后,立即受到英殖民当局的严厉制裁,义兴和大伯公私会党头目都被判处驱逐出境及徒刑,直接受到伤害的人就包括

---

① 1740年,荷属东印度殖民当局欲遣巴达维亚华工苦力赴锡兰种甘蔗,且传苦力上船后被投海中,苦力于是拒绝上船而聚集抗拒。当局以华侨准备进攻巴城为由屠杀镇压,血洗华侨城7天,华侨被杀近万人,制造了震惊爪哇、中国和欧洲的巴城大屠杀。因屠杀地点之一为红溪,故称"红溪惨案"。
② 张之洞:《筹议外洋各埠捐船护商疏略》,载力钧著《槟榔屿志略》卷二,1891,第4页。
③ 张之洞:《派员周历南洋各部埠筹议保护折》,载苑书义、孙华峰、李秉新主编《张之洞全集》第一册,河北人民出版社,607~612页。
④ 李钟钰:《新加坡风土记》,新加坡南洋书局,1947,第5~6页。
⑤ 薛福成:《通筹南洋各岛添设领事保护华民疏》,载丁凤麟、王欣之编《薛福成选集》,上海人民出版社,1987,第334页。

奉祀大伯公的汀州客家华侨。

当南洋地区遭受外敌侵入时，华侨大多与当地人民一道，奋起反抗，甚至表现得更为英勇卓越，因而也常常遭遇占领者打压、驱逐甚至屠杀。

20世纪40年代初，日本偷袭珍珠港（1941年12月7日）后，太平洋战争爆发，日军大举进军南洋各地（南洋华侨称之为"日本南进"）。原本积极支援祖国抗战的南洋各地华侨更是直接投身于抗日斗争中，马来亚、新加坡、菲律宾、缅甸等地都组织了以华侨为主的抗日义勇军。时在沙巴的龙岩华侨参加抗日游击队，牺牲13人。日本占领南洋各国后，大力镇压华侨的反抗，不少人被关押、驱逐，大量华侨被迫逃亡。时在马来亚槟城和新加坡的华侨大多逃往山芭，也有许多人被迫逃回中国乡下。时在马来亚沙巴、怡保等地的龙岩籍华侨踊跃参加当地的抗日游击队，有些人英勇牺牲，如沙巴神山游击队的陈金兴等13名烈士，马来亚人民抗日军的胡思仁、胡思龙、胡思富烈士等；有些人则被逮捕入狱，如马来亚霹雳州打巴筹赈分会主席胡曰皆、沙巴龙岩侨侨领章谦等；更多的人则被迫逃回国内。

二 落地生根取代叶落归根

虽然从"闽永定之宿儒"张理"至槟训蒙，与同邑丘氏、马氏为莫逆之交。丘业铁工，马业烧炭，每晚三人必聚首无闻焉"① 开始，龙岩地区下南洋的人并非全都叶落归根，张理、丘兆进、马福春三人和胡靖等许多人都身留异域，落地生根，或许只能魂游归根。以至于清朝驻槟城副领事张煜南1909年为海珠屿大伯公庙重修撰联曰："君自故乡来，魄力何雄？竟辟榛莽蕃族姓；山随平野尽，海门不远，今看风雨起蛟龙。"清楚地表明许多华人已经在大伯公开辟的土地上落地生根"蕃族姓""起蛟龙"，龙岩地区的华侨也大抵如此，但龙岩籍华侨落地生根观念的确立是艰难而缓慢的。

---

① 王琛发编著《功德振勋焕南邦——张弼士诞辰一百七十五周年纪念》，马来西亚道理书院，2016，第72页。

龙岩籍华侨叶落归根观念逐渐让位于落地生根观念的原因主要有如下几个。

（一）漂洋过海，路途遥远

龙岩地区山重水复，自古以来交通极其不便。虽然有九龙江和汀江两条水路可以通往漳州港、厦门港和汕头港，但龙岩东肖和永定金丰等山区较早下南洋的人都要步行数十里才能到达搭船的码头。终于乘小船到达海港后，还要等候出港海船，飘过七洲洋（南海），十几天乃至数十天才能到达南洋新加坡、马六甲、槟城、仰光等港口城市。胡子春13岁随乡里水客胡苟寿下南洋时，坐帆船3个月才到达马六甲。

其后，寻找工作地还需一段时间，真是历尽艰辛。如此下南洋经历，马来亚"锡矿大王"胡曰皆在其《回忆录》中，有详细的记录。胡曰皆1924年18岁南渡南洋时，已能搭乘机动海轮，时称"火轮"，他从永定下洋中川村步行50里到大埔老县城茶阳汀江码头，乘小船到达汕头后，因船期不遇等候10多天才登上载重约4000吨的"沙士顿"号轮船。乘客4000多人，胡曰皆落座三层舱底，颠簸7日到达新加坡，留船候7日再往槟城，又搭车多日后才到达目的地怡保。

永定下洋翁坑美村张晋田等人1935年去缅甸仰光时更为艰辛。他们一行取道广东、广西、贵州、云南，有公路处搭搭车，有河流的地方搭搭船（如龙川至广州），大多数路段需要步行。尤其是从云南畹丁出境之后，步行往南，偶尔搭乘缅甸人的牛车，一路翻山越岭，途经八莫、曼德勒等地，历时一个多月才到达仰光。

正因为路途遥远，许多下南洋的人虽然或打工或做小生意赚得一些钱，也只能托付水客带回老家，供养家人，自己却多年都未能归家。有的人甚至能赚到较多的钱寄回家乡让家人买田建屋，自己却没回来。如1935年随族兄张济贤去仰光谋生的张晋田，因为曾上过三年私塾，再自学成才，略通国学，精于珠算。于是被族兄安排在其开设的仁和堂大药房当财库（会计），收入较丰，不数年便寄回光洋数千元。其妻黄氏不仅足以侍奉公婆，养育女儿，还买地盖起三间平房。但直到女儿长到 8 岁，张晋田也没有回过家。如果不是 1942 年年初日本军队南进侵占仰光，张济贤带领族兄弟逃回老家，不知道张晋田什么时候才能回家，也许他就会像一些未逃离而到缅甸山芭去打铁的族兄弟张锄章等一样，在当地落地生根了。

（二）成家立业，携家带口

由于路途遥远，交通不便，难以归家，一些有幸在南洋娶妻生子，或者将家中妻儿带往南洋谋生地得以成家立业的人逐渐放弃了"回唐山"叶落归根的初心，转而在南洋当地安居乐业，落地生根。

比如，在 1861 年下南洋的胡文虎的父亲胡子钦，虽然只身南渡，远在仰光，也要挣钱赡养在家乡的父母，但由于他术精岐黄，创设永安堂国药行，医、药皆受欢迎，声名鹊起，收入渐丰，除寄钱回去养家外，还娶潮籍侨生女李氏（金碧夫人）为妻。胡文虎兄弟出生后，胡子钦虽然曾送胡文虎回中川村塾学接受传统教育，但终因家大业大，未能叶落归根而客逝仰光。其子文虎、文豹的裔孙，于是在南洋各地落地生根。

再如承包下洋翁坑美村张晋田的胞兄张晋业（1902—1969 年），于 1921 年只身赴马来亚吡叻打铁为生，1927 年回乡与童养媳李氏卫娘完婚后携妻再度下南洋，在马来亚吡叻州沙白开设永成利铁厂。李卫娘生三子后逝世，晋业续娶汪淡妹为妻，又生养三女。虽然由于技术精进，所创永成利品牌刀具驰名遐迩，收入不菲，养家糊口及寄钱赡养父母不成问题，但由于他染上了鸦片，终使其荣归故里、光宗耀祖的宏愿化为泡影，其儿女及数十个裔孙也因为他客逝南洋而在新马各地落地生根。

（三）东南亚各国独立，中国不承认双重国籍

1909 年清政府颁布的中国第一部国籍法《大清国籍条例》奉行血统原则，即不管出生在哪里，只要是中国人的后裔，就是中国人。依据这部国籍法，海外华侨无论侨生在哪里，也无论是侨生的第几代，都被承认为中国

人，都拥有中国国籍。有些海外华侨如果同时拥有侨居国国籍，则拥有双重国籍。

1912年，中华民国参议院拟定《国籍法》，于1912年11月公布。1914年《国籍法》修订，更名为《修正国籍法》，于1914年12月30日公布。1929年，民国政府再次对《修正国籍法》进行修正，于1929年2月5日公布。民国时期的国籍法秉承了《大清国籍条例》的基本原则，以血统主义为重，而辅以出生地原则以济其穷。为了避免双重国籍对海外华侨产生不利影响，中华民国政府在加入1930年订立于海牙的《关于国籍冲突的若干问题的公约》时，对第4条"一个国家对于兼有另一国国籍的本国国民不得违反该另一国的规定施以外交保护"的规定提出了保留。

中华人民共和国成立后，虽然没有立即制定单独的国籍法，但也在《中华人民共和国宪法》中对国籍作出有关规定，不承认双重国籍。1980年，中国制定了《中华人民共和国国籍法》，其中第三条明确规定不承认双重国籍。

1945年8月15日，日本宣布战败投降后，虽然西方殖民主义者一度回归南洋，但不久缅甸、印度尼西亚、马来西亚、越南都各自获得独立。

1955年4月举行的万隆会议上，中国和印度尼西亚签订《关于双重国籍问题的条约》，取消华侨的双重国籍，让他们选择一种国籍，中国同时表示，该条约虽是和印度尼西亚签订，但同样适用于其他国家。

虽然南洋华侨难以割舍同中国的血脉亲情，但由于中国实行不承认双重国籍的政策，因此，从20世纪50年代开始，除了部分有志于回国参加社会主义建设的龙岩籍爱国华侨领袖，如王源兴、苏振寿、游范吾等人和被一些国家排华回国的如陈灼瑞等外，大部分龙岩籍华侨都作出了加入侨居国国籍的选择。叶落归根的观念逐渐被落地生根的观念所取代。

另外，南洋殖民地政府和一些新独立的国家采取一些极端政策和措施强迫华侨落地生根。

在马来亚，1948年6月，英国殖民地政府借口马来亚共产党问题宣布马来亚进入紧急状态。其后英军于1948年12月及翌年正月对华侨执行驱逐和隔离政策，约40000华人被扣，其中约24000华人于1949年至1952年被遣送回中国。① 英国殖民地政府为了彻底切断新马华人与马共的关系，还建立类似"集中营"的"华人新村"，实行严格管理，有铁丝网围墙，前后各留一个大门供村民出入，进出人员被严格盘查。从1950年至1954年，全马有438个华人新村，居住人口达5814000人。②

1949年2月成立的马华公会最初持反共立场，其领导人陈祯禄曾说："我的意思是把中国出生的华人和中国的政治关系加以切断。"③ 以此立场与马共划清界限。

在殖民当局和后来的马来亚当局的高压政策下，留在当地生活的华侨不得不加入马来亚（后来的马来西亚）国籍。永定下洋和龙岩东肖等地的许多华侨于是在当地落地生根。

如永定下洋中川、东洋、翁坑美等村的当代海外华人的数量都超过了原籍常住人口，而且大多集中在南洋地区，他们已经成了侨居国国民。如翁坑美村，据不完全统计，如今村里常住人口不足200人，但定居南洋各地的翁坑美籍华人却有近千人。据该村《张氏孝友堂五世廷玉公裔孙族谱》记载，该房十七世晋普、晋雍、晋谷、晋江、晋常、晋杰、晋业、晋开8户散居新加坡、马来西亚、印度尼西亚等地共传400多人。另据对村民的调查得知，该村还有张生和、张济贤、张奎章、张锄章、张滚章、张以荼、张以英、张以杰、张庆茂、张名声、张武香、张湖香等10多户居新加坡、马来西亚、印度尼西亚、缅甸等地，共传约500人。

由此可见，从20世纪50年代开始，永定下洋等地侨乡的海外华人落地生根者已占多数。

---

① 林廷辉、宋婉莹：《马来西亚华人新村五十年》，马来西亚华社研究中心，2000，第6页。
② 林廷辉、宋婉莹：《马来西亚华人新村五十年》，马来西亚华社研究中心，2000，第12、18、22、167页。
③ 马华中央宣传局：《马华公会45周年纪念特刊》，1994，第15、16页。

三 融入当地社会，成为多民族大家庭一员

虽然海外华侨很无奈、很痛苦地作出加入侨居国国籍的选择，虽然他们不忘民族的根源，甚至在侨居国代代相传中华民族优秀的传统文化，但他们也很现实，很快融入当地社会，成为当地多民族大家庭中的一员，为各自多元民族的国家服务和贡献，扮演着与其他民族和谐共处的角色。正如2007年，在马来西亚独立50周年之际，在马来西亚北马永定同乡会举行成立60周年庆典上，马来西亚丹绒区国会议员曹观友所说：

> 过去数十年来，北马永定同乡体现很强的客家文化和三大精神，即永定华侨的创业精神、永定老辈的革命精神及永定文化人的敬业精神。在各行各业，永定同乡无不发挥出最高度的三大精神，让客家文化能够在本邦落地生根、源远流长。
>
> 闪烁着中华文明之光的永定土楼，就是我们的精神标志，更是同乡的睿智写照。我们相信通过长期的生活实践，以不断总结的经验，必能塑造顶天立地、不怕风吹日晒雷打雨淋的坚韧个性。
>
> 若我们把这种坚毅的性格，投身建国及为社会贡献的过程中，那么我敢相信我国未来必有更美好的50年。尽管客家人的过去尽是一部迁徙史，但是只要我们坚守改革就有改变的观念，我们必定能够苦尽甘来。

海外华人正是这样，在异国他乡落地生根之后，既积极弘扬中国优秀传统文化，又努力参与住在国建设，发扬主人翁精神，把住在国作为自己新的祖国，并为之作出巨大贡献。

如原籍永定下洋中川村的胡曰皆家族，就是在马来西亚霹雳州落地生根，融入当地社会，并为新的祖国作出巨大贡献的家族典型。

从20世纪40年代第二次世界大战结束开始，胡曰皆便迅速着手复办其在战前就已创办的复万生锡矿公司，并不断扩大生产。数年间，胡曰皆的锡

业生产进入辉煌时期，拥有复万生、复万利、复万昌、复万亿、复万丰、复万泰等七八间矿业公司和冶炼公司，至20世纪50年代中期，胡曰皆就已成为霹雳州乃至马来西亚的锡业界巨子，是远近闻名的富豪。

胡曰皆发迹后，不仅发扬先辈爱国爱乡精神，积极捐助祖籍地下洋、中川等地办医院、办学校，而且也为第二祖国马来西亚及第二故乡霹雳州怡保等地的慈善、教育事业竭尽全力。如倡建霹雳客属公会，创办圣母医院、深斋中学等，功绩累累，各方敬仰。他所担任的社会公职非常多，如中华大会堂副会长、客属公会会长、中华总商会财政、福建公会副主席兼财政、矿务公会财政和各种华校及慈善机构的董事、理事之类，不下数十个，为当地侨社事务和地方社会发展作出了杰出贡献。为表彰其贡献，怡保市政府特将一条街命名为"胡曰皆街"。

另外，胡曰皆又与老一辈华侨华人一样，执着地传承中华民族的优秀传统文化，希望中华优秀传统文化在马来西亚这个拥有大量华侨华人的新的国度多元文化中占有一席之地。胡曰皆的长子胡万铎在一篇文章中忆及童年时期家人在马来西亚过年的情形时写道："记得孩提时候，除夕那天，家人小心翼翼地将祖宗肖像拿出来置挂在神桌上，一家老少庄严地向天神和祖先供祭三牲，焚香秉烛，虔诚拜祭。接下来便是吃团圆饭、热闹非常。长大后才感悟这里面就已包含了中华民族慎终追远、缅怀尊敬祖先、常记祖训、维系血缘亲情的优良传统。我就是在这种耳濡目染、潜移默化的环境中，在父亲不断地灌输和教诲下，早已把儒家思想饮水思源、孝亲敬老尊贤的传统深深地烙印在心中，并身体力行，将中华文化优良的一面薪火相传下去。"①

中华民族优秀传统文化对于胡万铎这样家庭出生的侨二代、侨三代华人来说，影响是深远的。

胡万铎从20世纪50年代初就读槟城钟灵中学开始，就积极参与捍卫华文教育的抗议行动。1955年7月18日，作为学生领袖的胡万铎等"钟灵七君子"领导了"7·18静坐诤谏行动"，矛头直指英国殖民当局欲消灭华文教育的险恶用心，同时高举维护华文教育的旗帜，1955年8月11日晚胡万

---

① 胡万铎：《胡说真言》，〔马〕《东方日报》2010年2月13日。

铎被当局逮捕，甚至被扣上"共产党嫌疑人"的罪名。在学生、家长、社会人士和社会舆论的强大压力下，虽然当局于1955年8月20日释放了被捕的学生，但胡万铎等6位同学被逐出槟城。

其后，胡万铎出国赴爱尔兰留学。1961年父亲胡曰皆遭杀害，胡万铎回马来西亚接管家业的同时，正逢华文中学被强迫改制。20世纪70年代初，是许多华族有识之士发起华文中学保卫战的关键时期，韬光养晦多时的胡万铎立即投身其中，成为一场波澜壮阔的独立中学复兴运动的领导人物。

1973年4月1日，接管家业已经13年，专注矿业和拓展多元业务、事业如日中天的矿王胡万铎，参加了霹雳州一场挽救独立中学的意义非凡的华教会议。再次与马来西亚华文教育结下不解之缘。

1973年4月15日，胡万铎再次参加霹雳州华教董教联合会协助独立中学发展小组筹备委员会。当选为主席之后，胡万铎发表讲话说："独中问题关系到整个华文教育，华人社会应予重视，出钱出力协助其发展，我准备出一份绵力与董教同仁共同研究解决独中当前困难之良策。"① 从此，胡万铎与华教同人风雨同路，为华文教育奋战数十年。

由霹雳州发起的独立中学复兴运动，像星星之火，燃遍马来西亚全国，唤起华社对华文和中华文化的热爱与坚持，以及对华文教育的危机与忧患意识的认同，将马来西亚华文教育抢救运动推向高潮。

早已融入马来西亚多元民族社会的胡万铎之所以竭尽全力义无反顾地投身华文独立中学复兴运动，是因为他作为马亚西亚公民的一员，深刻地认识到华族已是马来西亚三大族群之一，维护本族群的母语教育，发展华文独中，是马来西亚国民的基本人权。

华文独中复兴运动挽救了华文教育即将灭亡的厄运，不但使华文独中浴火重生，还将马来西亚华文教育推向一个巩固发展时期。同时，它还提高了马来西亚华人对"华文是华人文化的根"这种危机意识和忧患意识的认同，使"民族教育"成了团结华人族群的一个符号，成为提高中华民族精神内

---

① 《星洲日报》1973年4月16日。

聚力的一项法宝。也为马来西亚的社会融合、发展奠定了坚实的基础，为马来西亚的经济发展和参与"一带一路"建设奠定了坚实的基础。也许这就是 2018 年"5·9"大选后，重新登上政治舞台的马来西亚老政治家马哈蒂尔一再声明维护马中友好的政治基础。

如今，在全球化的背景下，海外华人选择住在国国籍已成为趋势。而对千百年来经常发扬先辈传统，经常背起行囊远徙他乡，寻找新的求生存图发展的英雄用武之地的闽西客家人和福佬人来说，"年深外境犹吾境，日久他乡是故乡"已经是人们耳熟能详的祖训。因此，像胡曰皆、胡万铎父子那样在侨居地落地生根，以主人翁姿态融入当地多元社会，不仅为当地社会发展作出杰出贡献，也为弘扬中华民族传统文化不遗余力，已是海外华人的正确选择。

办报实践的历史视角：粤闽籍华侨华人在马来西亚的社会影响与财富积累差距

彭伟步[*]

摘　要： 粤闽两省向马来西亚输出了大量华侨华人。这些华侨华人为传播中华文化、推动华侨华人经济发展创办了大量报纸。从《察世俗每月统记传》开始，马来西亚的华文报业史已经超过200年。在这200多年当中，粤闽籍华侨华人各领风骚，对近现代中国以及当地华侨华人社会产生了重大影响，作出了杰出贡献。随着历史的演变，辛亥革命后，粤籍华侨华人的办报热情有所下降，逐渐被闽籍华侨华人超越，最终闽籍华侨华人主导了马来西亚华文报业的发展，对当地华侨华人社会产生了重要影响，这不仅反映了粤籍华侨华人的社会影响和财富积累滞后于闽籍华侨华人的事实，同时也说明了粤籍华侨华人的思想创新落后于闽籍华侨华人。本文把粤闽籍华侨华人在马来西亚的办报历史划分为四个阶段，分析粤闽籍华侨华人的办报实践，以及对当地华侨华人社会的影响，探讨两者的思想创新力度和财富积累出现距离的原因。

关键词： 粤闽籍华侨华人　马来西亚　华文媒体

---

[*] 彭伟步，暨南大学新闻与传播学院教授。

办报实践的历史视角：粤闽籍华侨华人在马来西亚的社会影响与财富积累差距

一直以来，华文报刊、华人社团、华文教育被誉为支撑海外华侨华人[①]社会的三件宝。其中作为传媒的华人报刊扮演了信息传递、舆论产生和社会互动的桥梁与纽带角色，是实现华人社会内部信息流动与利益诉求表达的重要渠道，更是维系族群认同与在异文化环境缓解心理紧张感，以及保持内心安全感的功能性工具。作为海外保持最为完整的华文教育以及规模运营的华文传媒的国家，马来西亚诞生了最早的华文传媒，在推翻清政府的腐败统治、支援中国的抗日战争以及维护华侨华人权益等方面发挥了显著作用。然而，创办一份华文报刊，需要大量的物质条件、受众环境和雄厚的经济实力作为基础，因此华文报刊的舆论宣传和内容传播可以从一个侧面反映马来西亚华侨华人的支持力度与思想发展，从中呈现支持者的态度倾向和办报者的经济实力。马来西亚的华侨华人几乎都来自中国粤闽两省，故此通过研究华文报刊的创办者以及报业历史发展过程中的业主更替，在某种程度上能说明粤闽籍华侨华人在近现代历史当中的社会影响及其经济发展水平，从中发现两者的财富积累差距。

一　粤籍华侨开启海外华文报业历史

粤、闽两省是海外华侨的主要来源地，两省向外移民的历史也非常久远。广州是清朝早期唯一的通商口岸，粤籍民众因此有机会接触到来自西方的贸易者，也因此受到西方文化、思想与科学技术的影响，受到西方文化、思想的熏陶。此时许多西方传教士选择在风气开放、经济较为发达、西方人聚集较多的广东作为传教的重心，把《圣经》由英文翻译成中文，吸引了一批广东民众接受基督教洗礼，并通过他们向更多的广东民众开展传教活

[①] 第二次世界大战前，绝大多数广东和福建移民均统称为华侨，第二次世界大战后特别是1955年后，东南亚各国纷纷掀起民族独立解放运动，华侨纷纷争取公民权，加入当地国家国籍，此时一部分华侨的身份转变为华人，出现华侨与华人并存的局面，随着越来越多的华侨加入当地国籍，华人占绝大多数的现象由此产生。因此，本文基于现实情况，对不同时间的粤闽籍移民用不同的称呼，以尊重历史事实，正确表述他们的身份。

动，拉开了近现代粤籍知识分子思想变革与办报的时代帷幕。

近现代中国新闻史的开端与广东高明籍的梁发（1789—1855年）有密切关系。他是基督教第一位华侨牧师。马礼逊希望梁发帮助他印刷翻译后的中文版《圣经》，然而，清政府的阻拦与封杀，使马礼逊不得不与梁发远走马六甲，通过华侨回国时携带《圣经》，实现曲线传教的目的。为了更加契合马六甲华侨和中国民众的阅读习惯，马礼逊等决定创办一份便于华侨阅读的华文刊物，在内容编写、版面编排方面尽量迎合中国民众的文化心理，在表达方面更加通俗易懂，希望更多的当地华侨接受宗教观点，以潜移默化地影响华侨和中国民众的信仰，从而诞生了"世界第一本中文期刊"：《察世俗每月统记传》。梁发担当印刷重任，人称"海外华侨第一报人"，在马来西亚官方出版的《华侨志》中梁发也被称为"第一位华侨记者"。

《察世俗每月统记传》虽然是一份宗教性华文报刊，但是刊登了大量介绍西方科学技术和民主思想，以及新马地区华侨社会发展状况的文章，不仅有力地促进了华侨社会的经济发展，而且对华侨进行了思想革新和民主思想启蒙，对他们改变封建思想和愚昧的忠君观念发挥了积极的作用。梁发负责印刷中文版《圣经》以及负责编辑《察世俗每月统记传》，开创了海外华文报业，掀开了海外华文报业的崭新一页，是中国新闻史的开端。梁发通过出版编辑《察世俗每月统记传》，培养了一大批报人，其办报模式、版面编排及新闻写作方式等为以后从事办报的人士提供了蓝本。

此时，就对海外华文报业及中国新闻史的贡献而言，粤籍华侨无疑领先于闽籍华侨。这种情况的出现，与早期广州的通商口岸位置以及濒临港澳，粤籍华侨能够直接接触到西方人，了解西方文化和制度，并受其影响存在显著关系，同时也反映了早期移民南洋的华侨大多来自广东的事实。

二 辛亥革命前粤籍华侨办报实践达到鼎盛时期

一些参加科举考试的粤籍知识分子受挫于科举，同时看到封建制度的腐败，又有机会和渠道接触西方的宗教和思想，于是发动起义反抗清政府的统治。例如，洪秀全接触到梁发的《劝世良言》后，把它作为发动农民起义的思想指引，起义军早期所向披靡，后期由于内部分裂和腐败而被湘军击败。病入膏肓的清政府得以苟延残喘，维持其腐败的政权。

一大批开明的封建地主阶级看到了西方国家利用其先进的科学技术、近现代商业对中国落后的封建农业社会的冲击，以及不健康的贸易产品对中国经济的危险，特别是鸦片的输入加剧了白银的外流，危害了民众的身体健康，以林则徐为代表的开明地主阶层，在广东虎门销烟，开启了中国近代反抗西方国家经济侵略和武力侵略的序幕。

鸦片战争失败后，中国社会矛盾进一步加剧。生活在广东的知识分子目睹中国的落后与愚昧，以及清政府的腐败，萌发了社会改良的思想，许多广东知识分子由此走到前端，通过著书立说、开设私塾培养新一代知识分子，改造传统知识分子的思想，推动了维新变法活动。然而，这种寄希望于清政府自上而下的维新变法活动因为损害地主阶级的利益而失败。失败后的维新派不得不逃亡海外，继续鼓吹维新变法的思想。此时新马地区的一大批华文报纸同情维新派的命运，也认识到清政府如果不进行维新变法，中国就会有沦为殖民地的危险，因此支持康有为等在新马地区的宣传活动，例如《星报》《天南新报》等均为康有为在新马地区的活动提供各种财力和舆论支持。

然而，维新变法不切实际的思想以及遭受的挫折，使更多的有识人士认识到腐败的清政府已经不可能通过维新变法而实现国家的富强，转而致力于推翻清政府的活动。孙中山及其广东同乡由此成为主力军。近现代轰轰烈烈的推翻清政府的活动在美国、日本和新马地区展开。特别是新马地区，粤籍华人众多，经济实力雄厚，这使孙中山及其他革命派人士拥有大量的宣传对象和雄厚的财力支持。以推翻清政府为目标，孙中山通过创办多份华文报刊，努力改变华侨的思想，从而在新马地区掀起一场声势浩大的反对维新变法的舆论宣传，成功地使许多广东和其他省籍的华侨逐步转变思想，支持孙中山等革命党人推翻清政府。

辛亥革命前，大量华文报刊创刊，立场鲜明，各自支持保皇派与革命派，在新马地区掀起了声势浩大的论战，分别对华侨进行思想动员，推动了华人思想的革新，也促进了华文报业的发展。此时粤、闽籍华侨创办了不少报刊（见表1）。这些报刊要么支持维新派的粤籍知识分子，要么支持推翻清政府的革命派粤籍知识分子，使粤籍知识分子的政治思想得到充分传播。

表1 辛亥革命前新马地区主要华文报纸创办人与政治倾向

刊物名称	主要创办人	创办时间	创办地点	支持派别
槟城新报	林华谦（福建）	1896.8	马来亚槟城	保皇派
广时务报	何廷光（广东）	1897.2	马来亚吉隆坡	保皇派
槟城日报	黄金庆（福建）、吴世荣（福建）	1906	马来亚槟城	革命派
光华日报	孙中山（广东）、陈新政（福建）、庄银安（福建）、吴世荣（福建）	1910.12	马来亚槟城	革命派
天南新报	邱菽园（福建）	1898.5	新加坡	保皇派
叻报	薛有礼（福建）	1881	新加坡	保皇派
星报	林衡南（福建）	1890	新加坡	保皇派
日新报	林文庆（福建）	1899.10	新加坡	保皇派
图南日报	陈楚楠（福建）、张永福（广东）	1904.2	新加坡	保皇派
南洋总汇报	陈云秋（广东）	1906	新加坡	保皇派
星洲晨报	周之贞（广东）、谢心准（广东）	1907	新加坡	革命派
中兴日报	陈楚楠（福建）、张永福（广东）、林义顺（广东）	1907.8	新加坡	革命派

注：表中数据来自笔者通过对叶观仁的《马来西亚华文史》、王士谷的《海外华文新闻史研究》、崔贵强的《东南亚华文日报之现状》等相关书籍与资料的整理与统计。要特别指出的是，19世纪五六十年代新加坡和马来亚出现20多家休闲性小报，由于性质偏重娱乐与休闲，甚至有些小报有色情色彩受到新加坡和马来亚当局的整顿很快停刊，因此本文对这些报纸不列入统计数据之中。

从表1可见，参与创办华文报纸的粤籍和闽籍华侨分别有7人和10人。在辛亥革命前华侨所创办的主要报纸当中，几乎全由粤、闽籍华侨创办。在12份报纸当中，6份报纸由闽籍华侨创办，3份报纸由粤籍华侨创办，3份报纸由粤、闽籍华侨共同创办。8份报纸支持保皇派，4份报纸支持革命派。从数量上来看，支持保皇派的报纸数量占据上风，然而支持革命派的报纸通过各种努力，不断加强与保皇派的论战力量，逐步扭转了在数量上的劣势,使越来越多的新马华侨转向支持孙中山和兴中会以及此后的同盟会。

虽然粤籍创办者人数和报刊数量比不上闽籍,但是几乎所有辛亥革命前的报刊均有粤籍知识分子的身影,例如最有影响力的《光华日报》是在孙中山的直接领导下创办和运转,而且得到孙中山的经费支持。《天南新报》虽然是闽籍华侨邱菽园创办,但是他与康有为的关系一度甚为密切,支持康有为的维新变法主张。由此可见,闽籍华侨虽然创办了不少报刊,但是他们的政治主张和报纸风格均与粤籍知识分子有密切关系。在某种程度上说,粤籍知识分子和粤籍华侨的影响力并不逊色于闽籍知识分子和闽籍华侨,甚至还超越了他们,在新马地区的华侨当中起着播种新思想的重要作用。

众多粤籍知识分子和华侨对维新变法和革命思想的宣传,有力地促进了新马地区华侨思想的转变,增强了他们的国家意识和民族意识,特别是孙中山在南洋传播"华侨是革命之母"的观点,不断强化华侨的家国意识和民族主义,为他们帮助孙中山和支持抗日战争奠定了思想基础,粤籍华人的报业实践达到了顶峰,在近现代中国历史上写下了重重的一笔。

三 辛亥革命后至新马沦陷前闽籍华侨办报实践逐渐占据上风

辛亥革命爆发之前,大批粤籍华侨响应孙中山及革命党人的号召,捐款支持革命党,甚至亲身回国参加推翻清政府的起义活动,以至辛亥革命后,一大批曾经活跃的粤籍办报人、从业者人数锐减,办报规模和人数的天平逐渐向闽籍华侨倾斜。

如图 1 所示,在这一期间,23 家主要华文报纸中,有 8 家是粤籍华侨创办的,占 34.8%,而闽籍华侨创办的华文报纸有 10 家,占 43.5%。这说明,随着辛亥革命的成功,粤籍华侨对办报的兴趣有所下降,也有可能与他们的财力有所不逮有关系。

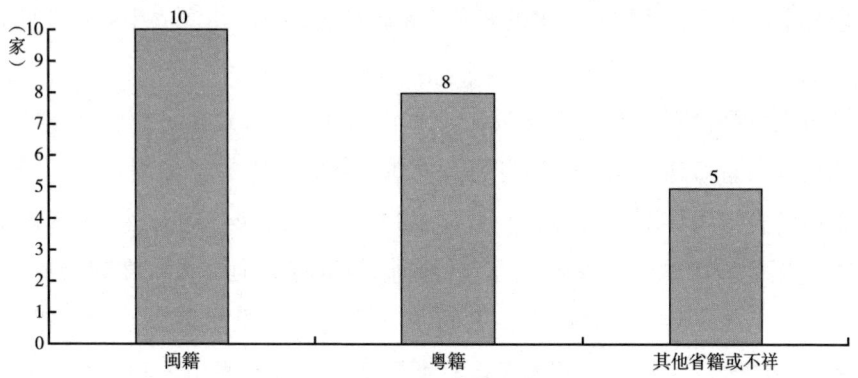

图1　辛亥革命后至新马沦陷前粤闽籍华侨办报统计

在此期间，两份由闽籍华侨创办的报纸——《南洋商报》（1923年）和《星洲日报》（1929年）面世，再加上原有《叻报》，闽籍华侨创办的报纸呈现强大的影响力，特别是《南洋商报》和《星洲日报》的出版，陈嘉庚和胡文虎凭借其在南洋的华侨领袖的虹吸效应，以及他们聘请大量有才华的从业者，在版面设计、内容生产、报纸发行、新闻采访和写作以及副刊文学作品的选用等方面，均对其他报刊有压倒性的优势，在新马华侨当中发挥了显著的舆论引领作用。《四州周报》《建国日报》《民国日报》《马华日报》等粤籍华侨创办的报纸均无法与《南洋商报》《星洲日报》竞争。

《南洋商报》和《星洲日报》的创办，标志着新马地区乃至南洋华文报业进入了闽籍办报者的时代，粤籍办报者逐渐走下坡路，反映了粤籍华侨对办报热情的衰退，以及财富积累逐渐落后于闽籍华侨，显示了闽籍华侨在新马地区的商业活动更具开拓性。

四　二战后至20世纪末闽籍华侨华人办报实践呈大幅领先态势

1941年日军入侵新马地区后，利用《南洋商报》和《星洲日报》的印刷设备，办起了4份宣传日军功绩、粉饰日本侵略的报刊：《彼南新闻》

《昭南日报》《兴亚日报》《久镇日报》。其他华文报刊纷纷停刊，从业者纷纷逃难，有些不愿逃难的从业者则被日军逮捕，其中的一些人宁愿死在日军的枪下也不愿帮日军办报，违心美化日军的侵略行径。

直到日军投降，二战结束后，原有的华文报刊才重新恢复出版，同时有一批新的报刊创办，新马地区的华文报业迎来短暂的辉煌时期。从二战结束至20世纪70年代，新马地区共有45份报刊恢复出版或创办，如《光华日报》《南洋商报》《星洲日报》《新明日报》《中国报》《星槟日报》《通报》等，形成了今天新马地区华文报业的雏形。总部在新加坡的《南洋商报》《星洲日报》《新明日报》在吉隆坡设立分版，逐渐独立出来，专注于马来亚（马来西亚）的报道，在马来亚（马来西亚）的影响力日增。

此时由粤籍华侨华人创办的报刊数量已经处于下风，无论是规划，还是影响力，已经无法与闽籍华侨华人创办的报刊相提并论。粤籍华侨华人创办的报刊只有10家，只占这一时期华文报刊数量的21.3%，而闽籍华侨华人创办的报刊有20家，占42.6%，其他省籍华侨华人创办的报刊或业主籍贯不详的报刊有17家，占36.2%（见图2）。粤籍华侨华人创办的报刊当中只有李孝式创办的《中国报》、梁润之创办的《新明日报》还可以勉强在强手如林的新马地区华文报刊当中有一些市场，其余的报刊大多被淹没在闽籍华侨华人创办的报刊当中。

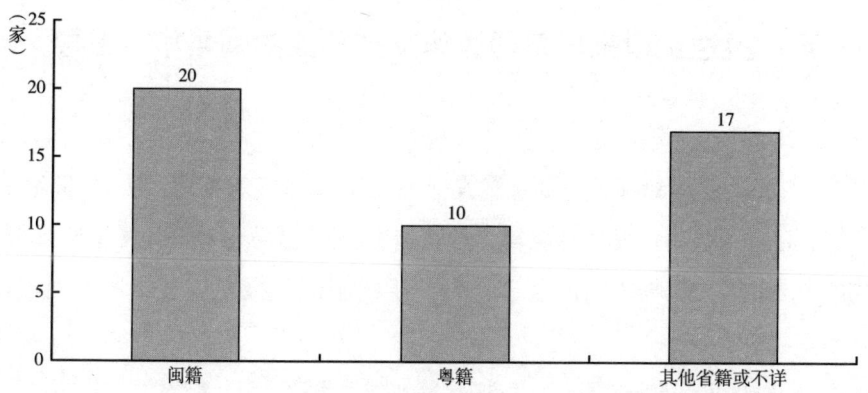

图2　粤闽籍与其他省籍华侨华人创办报刊数量

在影响力方面，粤籍华侨华人创办的报刊也远不及闽籍华侨华人创办的报刊，如闽籍华侨华人创办的《南洋商报》《星洲日报》在新马地区的影响力很大。这两家报刊在二战后复刊，由此开始了长达半个多世纪的竞争。它们鼓励新马地区的华侨华人向英国殖民地政府及当地土著争取公民权，鼓励华侨华人维护自己的政治权利，鼓励华侨华人以当地公民的形象与土著一起争取新马独立，并发表了大量文章，帮助华侨华人认识公民权的重要性、紧迫性，积极参与华侨华人向英国殖民地政府及土著争取公民权的活动，并为此进行舆论准备和动员。综观新马地区的华文报刊竞争，其实就是《南洋商报》和《星洲日报》之间的竞争。这两家报刊财力雄厚，人才济济，其他报刊在《南洋商报》和《星洲日报》的冲击下，要么顶不住这两家报刊的攻势，经营日益恶化，不得不关闭，要么另辟蹊径，在两家报刊的夹缝中生存下来，如《中国报》《光华日报》。而《新明日报》在遭遇连续亏损后，不得不结束马来西亚的业务而专注于新加坡市场。由粤籍华侨华人创办的报刊如今只剩下《中国报》还能苦苦维持，但是业主多次易手，现在已经成为南洋报业集团属下的主要报刊，并被闽籍富商张晓卿收购；粤籍华侨华人创办的报刊如今只剩下《自由日报》《晨报》还在东马发行，但是发行量仅有数千份，影响力远逊色于《星洲日报》《南洋商报》《中国报》等。在某种程度上说，闽籍华侨华人所创办的报刊已经主导了新马地区华文报业的发展。

五　21世纪以来马来西亚华文报刊业由闽籍华人主导

从20世纪80年代至今，虽有大量粤籍人士从事华文报业工作，而且不乏一些有影响的粤籍报人，如星洲媒体集团董事经理刘鉴铨，从20世纪80年代开始任《星洲日报》总编辑，1987年遇到"茅草行动"①，《星洲日报》被迫停刊半年，面临关门的厄运。为了让《星洲日报》恢复出版，刘鉴铨

---

① 马来西亚警方在当时援引1960年内安法令，以危害国家安全为由逮捕了107名朝野政党领袖、华教人士等，其中华人尤多。英文报《星报》(*Star*)、中文报《星洲日报》及马来文报《祖国日报》(*Watan*) 被取消出版许可证。

办报实践的历史视角：粤闽籍华侨华人在马来西亚的社会影响与财富积累差距

到处奔走，寻找愿意接手的业主，最终找到闽籍富商张晓卿。张晓卿接手之后，《星洲日报》经过3年卧薪尝胆，发行量于1992年一举超过《南洋商报》，成为马来西亚第一大华文报，并在两者的竞争中优势越来越大。而在《南洋商报》和《星洲日报》的创刊地——新加坡，这两家报刊被新加坡政府于1982年强行合并为《联合早报》。《南洋商报》和《星洲日报》的历史在新加坡被终结后，这两家报社在马来西亚的《南洋商报》和《星洲日报》的股份则相继被马来西亚公民或集团收购，《南洋商报》和《星洲日报》成为马来西亚的报刊，与《联合早报》从此无隶属关系。

粤籍华人李孝式创办的《中国报》1993年被闽籍富商郭令灿收购后，与《南洋商报》一起组成南洋报业集团，后转手给马华公会，结果受到华人社会的抵制，亏损严重，之后被张晓卿收购。从此之后，马来西亚粤籍华人创办的华文报刊已所剩无几，无论是数量、规模、还是影响力，均远远逊色于闽籍华人创办的报刊，在某种程度上，闽籍华人创办的华文报刊已经占据绝对的垄断地位，反映了闽籍华人在新马地区强大的的社会影响力和社会号召力，以及雄厚的经济实力。在新加坡，粤籍华人梁润之创办的《新明日报》虽然仍在出版发行，但是它已经成为政府的产业，归属于新加坡报业控股公司。

现今唯有两家由粤籍华人创办的报刊仍在东马发行，但是发行量、影响力已经无法与《南洋商报》《星洲日报》相提并论。此外，在孙中山直接领导下创办的《光华日报》，现在也是闽籍华人的产业。

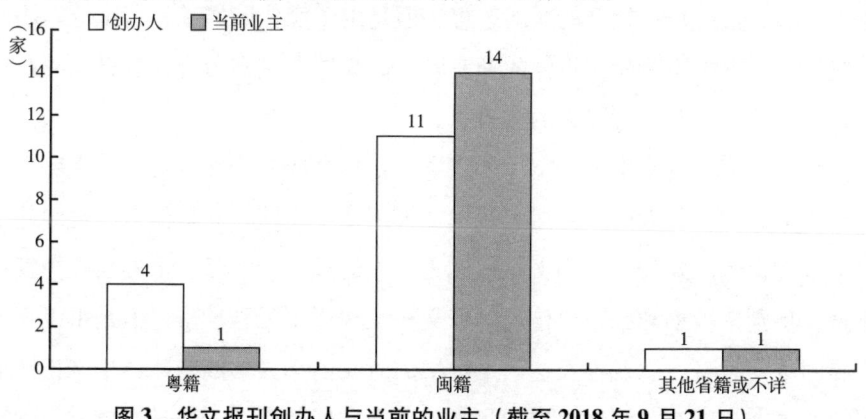

图3 华文报刊创办人与当前的业主（截至2018年9月21日）

从图3可见，目前仍然在马来西亚运营的华文报刊有16家。这16家当中有4家是由粤籍华人创办的，但是截至2018年9月21日，粤籍华人控制的报刊却只有1家了，闽籍华人创办的报纸有11家，但是通过收购或者合并，控制了14家报刊。马来西亚影响力强大的华文媒体集团均由闽籍华人所控制，例如光华日报集团由王锦发控制，南洋报业集团和星洲日报集团由张晓卿控制，东方日报集团由刘会干控制。他们均为闽籍华人。张晓卿控制的南洋报业集团和星洲日报集团旗下的报刊发行量已经占据80%的市场份额，并且于2008年3月与中国香港明报集团合并为世界华文媒体集团，同时在马来西亚和中国香港上市，成为境外最大的华文媒体集团。在许多关系到华人社会的议题方面，例如华文教育、政治选举等议题上，均可以看到这些由闽籍华人控制的媒体的新闻报道。这些报纸已经成为当地华人重要的信息来源以及华文教育甚至思想寄托的平台，已经深深地融入当地华人的血液当中。在当地华人的潜意识当中，它们已经成为华人社会重要的文化组织，并且在许多与华人有关的社会议题方面发挥着显著的作用。

粤籍华人退出创办报刊和其他媒体的行列，反映了粤籍华人经济实力不及闽籍华人的现实，例如2017年福布斯发布的马来西亚前十富豪榜中，有6位是闽籍华人，2位是粤籍华人，1位是马来人，1位是印度人。排名当中，第一、三、四位是闽籍华人，第五位是粤籍体人郑鸿标。虽然华文媒体行业中仍有大量的粤籍从业者，努力实现匡扶社会正义、为华人发声、维护华人权益、报道华人社会的新闻理想，但是由于媒体归属于私营企业，因此这些从业者不得不听命于媒体的拥有者，而媒体业主则因为拥有媒体而在华人社会和马来西亚拥有强大的话语权。

媒体是信息的集中地、舆论的广场，在马来西亚华文教育保持完整系统的环境中，大量华人已经习惯了从华文报纸及华文网站获取信息，也因此推动了华文媒体的发展，使华文媒体成为华人的喉舌和耳目。虽然新媒体发展迅速，特别是脸书和推特对传统的华文报纸构成了强烈冲击，但是由于拥有完整的华文教育，以及在长达两个世纪的时间内华人形成的阅读华文报纸的习惯，华文报纸充分利用原先的品牌，着力发展新媒体，促进媒体融合，加强互联网线上与线下的互动,打造更适合年轻人的互动场景,为年轻人创建创业的环境,以实现华文报纸及华文新媒体的再次发展。这在星洲媒体集团和光华日报集团积极转型所取得的成果中得以充分展现。

闽籍华人通过创办华文媒体,不仅从中获得了许多丰厚的利润,而且提高了其在华人社会当中的影响力和号召力,也使粤籍、闽籍华人在华人社会的政治动员和社团互助方面形成了巨大的差距。虽然一些社团如潮州会馆、广肇会馆、梅州会馆等代表广东三大地域的社团仍然能够得到华人的支持,但是其在整个华人社会当中的影响力和号召力已经与闽籍华人拉开了距离。导致出现这个现象的一个非常重要的原因,就是粤籍华人失去了华文媒体,也因此失去了话语权,因此在与闽籍华人的竞争中处于下风,显示了粤籍华人无论是在社会财富积累还是社会话语权方面均已经严重落后于闽籍华人的现实。

六 结论

粤、闽是两个拥有大量海外华侨华人的中国省份。这两个省份的移民历史久远,在海外各个领域创造了巨大的财富,同时也促进了所在国的文化和经济发展。新加坡、马来西亚是粤、闽籍华人聚集程度比较集中的地方,也是早期产生华人领袖的主要地区,例如闽籍华侨陈嘉庚、胡文虎等就在新加坡和马来西亚大展拳脚,在经济方面取得巨大的成功。新马地区也是华文教育开展比较普及的地区,特别是马来西亚,华人经过努力和长期抗争,建立了从小学至大学的系统的华文教育体系,培养了大量接受华文教育的华人,促进了华人社会的文化和经济发展。也正因如此,华文媒体在马来西亚欣欣向荣,虽然受到新媒体的冲击,但是通过积极转型,在庞大受众群体的支撑下,华文媒体仍然有生存的空间。

在历史当中,粤籍华侨梁发等跟随传教士到马来西亚印刷中文版《圣经》,出版了世界上第一份华文报刊——《察世俗每月统记传》,开启了海外华文报业、中国新闻业的大门,依靠大量来自广东的移民,粤籍华侨创办了许多华文报刊，在辛亥革命前夕照亮了海外华人救亡图存的道路，更新了他们的观念。与此同时，众多来自福建的华侨也创办了许多有影响力的报刊，分别支持康有为和孙中山，在100多年前中国最为黑暗的时候给中国带来了希望。辛亥革命前粤、闽籍华侨创办的报刊与粤籍华侨、知识分子产生密切关系，这一时期是粤籍华侨华人创办的报刊对新马地区华侨华人思想的影响到达顶峰的时期。在报刊的启蒙、鼓励下，一大批粤籍华侨华人自觉投入爱国的行列中，有一些华侨受到孙中山的感召，回国参加推翻清政府的起义，不少人死在革命的路上，无缘听到武昌起义、推翻清政府的消息，但为革命党人推翻两千多年的帝制作出了杰出贡献。

辛亥革命后，粤籍华侨华人仍然创办华文报刊，但是逐渐被闽籍华侨华人所超越，由陈嘉庚、胡文虎分别创办的《南洋商报》《星洲日报》成为南洋华文报刊的旗帜。闽籍办报人占主导地位现象的出现，笔者认为主要有两个原因：一是大批粤籍有为之士追随孙中山参加起义活动，要么死在清政府的枪下，要么留在国内没有再返回新马地区，导致高层次、有思想、敢冒险的粤籍华侨华人数量减少；二是辛亥革命成功后，粤籍华侨华人认为自己已经尽到建设祖国的责任，对国内情况的热情有所下降，而闽籍华侨华人在经商方面逐渐显露头角，在竞争中屡有斩获，粤籍华侨华人的财富积累速度不及闽籍华侨华人。办报不仅是一项需要大量物质条件支持的活动，而且还需要创办者拥有先进的办报理念和大量办报人才的支持，因此，在经济上逊色于闽籍华侨华人的粤籍华侨华人无法满足物质、人才、观念等办报条件，才在办报的道路上被闽籍华侨华人超越并拉开距离。如今在马来西亚华文报业中，闽籍华人控制了华文报业，主导华文报业的发展，显示出粤籍华人在社会影响力方面明显逊色于闽籍华人的事实，更与辛亥革命前粤籍华侨在新马地区一呼百应，极大地影响新马地区华侨思想的时代不可同日而语。

媒体是华人社会当中重要的文化组织，具有强大的影响力，但是也需要雄厚的经济实力支持。辛亥革命后粤籍华侨华人在办报道路上逐渐被闽籍华侨华人抛在后面，这在某种程度上说明，粤籍华侨华人在新马地区的文化建设和经济发展均不如闽籍华侨华人,反映出辛亥革命后粤籍华侨华人发展速度滞后于闽籍华侨华人的事实。粤、闽籍华侨华人在马来西亚近200年的竞争与合作的历史中,后者在报业的实践超越并压倒前者,这说明粤籍华侨华人缺乏更多能够与闽籍华侨华人竞争的人才,需要粤籍华侨华人深刻反思,作出更多的变革,学习闽籍华侨华人敢冒险、敢拼搏的精神,努力培养新一代人才,通过自身的努力,逐渐赶上甚至超越闽籍华侨华人,促进马来西亚华人社会的发展,也为华人社会作出更多的贡献。

参考文献

南洋研究所编《东南亚各国的中国居民》,《南洋问题资料译丛》1963年第1期。
郭晔旻:《重重迷雾锁南洋——"猪仔贸易"里的华侨出海史》,《同舟共进》2018年5期。
麦留芳:《方言群认同:早期星马华侨的分类法则》,"中央研究院"民族学研究所,1985。
郭晶:《五邑华侨与华文报业》,《五邑大学学报》(社会科学版)2000年第2期。
约翰·沙拉瓦纳姆都(Johan Saravanamuttu)、罗国华(Francis LohKokWah):《马来西亚的政治文化——多种族社会的竞争性发展主义》,赵银亮译,《复旦政治学评论》2010年第10期。
廖小健:《影响马来西亚马华两族关系的文化与政治因素》,《华侨华人历史研究》2007年12月第4期。
彭伟步:《从辛亥革命透视侨文化的精神内涵》,《南方日报》2011年9月29日,第19版。
刘权:《广东华侨华人史》,广东人民出版社,2002。
何国忠:《马来西亚华人:身份认同、文化与族群政治》,华社研究中心,2002。
林水檺、骆静山编《马来西亚留台校友会联合总会丛书》,马来西亚留台校友联合总会,1984。
吴庆棠:《新加坡华文报业与中国》,上海社会科学院出版社,1997。
杨力:《海外华文报业研究》,燕山出版社,1991。
林远辉、张应龙:《新加坡马来西亚华侨史》,广东高等教育出版社,2008。
宋燕鹏:《马来西亚华人史:权威、社群与信仰》,上海交通大学出版社,2015。
王士谷:《海外华文新闻史研究》,新华出版社,1998。

叶观仕：《马来西亚华文报业史》，名人出版社，2010。
崔贵强：《东南亚华文日报现状之研究》，华裔馆南洋学会，2002。
叶观仕：《马新新闻史》，韩江新闻传播学院，1996。
朱自存：《纵观华报五十年，马来西亚华文发展实况》，东方企业有限公司，1994。

中马关系

Sino-Malaysian Relation

"5·9"大选后的马来西亚政治特征与中马关系未来走向

钟大荣*

摘　要： "5·9"大选让马来西亚迎来了重要的改革机遇，但执政一年多来，希望联盟政府的改革虽有声有色，但在改革深水区却阻力明显。经过政党轮替，马来西亚朝野政党的宗教和种族特征依旧鲜明，同时，希望联盟政府执政经验明显不足，党派关系不稳固。"5·9"大选后，中马关系经受了考验，展望未来，短期内中马两国关系是否顺利，主要取决于马来西亚内政。此外，双方应关切彼此敏感与复杂的社会议题，避免将问题公开化、极端化。对未来有可能趋于更为复杂的两国关系，中国应更为自信和开放地面对与处理，加强对马来西亚朝野政党、NGO等组织的全方位接触和研究。

---

* 钟大荣，博士，华侨大学马来西亚研究中心主任、副教授。

关键词： "5·9"大选　马来西亚　中马关系

毋庸置疑，马来西亚在 2018 年 5 月 9 日进行的第十四届全国大选，不仅对马来西亚具有里程碑式的历史意义，而且对东盟乃至全球都有启示意义。"5·9"大选，马来西亚向全世界展示了她"生动活泼""安定团结""锐意改革"的政治和社会局面。大家普遍认为马来西亚第十四届大选实现了马来西亚建国 61 年来的第一次政党轮替[①]，是马来西亚国家历史发展中极为重要的事件。从希望联盟政府（Pakatan Harapan）执政以来的政策改革、经济发展、媒体自由、对外关系、族群对话、民间变化等来看，"新马来西亚"的确有许多方面与旧时代不同，本文成稿时希望联盟政府的改革还处于"进行时"，未来马来西亚会怎样，各界都在密切关注。

至于"新马来西亚"是否已经形成，不仅马来西亚社会普遍不认同，连希望联盟政府总理马哈蒂尔及其团队，也应该不会苟同。这就让人好奇，具有里程碑意义的第十四届大选，令马来西亚政治出现了什么新变化，有哪些特征，存在什么问题，才导致"新马来西亚"尚未形成，而其未来发展又将会怎样？

与周边其他国家一样，中马两国关系源远流长。众所周知，马来西亚是中国以外，中华文化保存、传承和发扬较为完整的国家之一（成就也最突出），因此，马来西亚与中华文化圈的其他国家和地区的关联一直甚为紧密。而这种关联主要是基于当地各世代华人社会的生存、演变所延展，因为与中华文化圈的其他国家和地区的关联主要是由当地华人肩负和推动的。这些中华文化圈的国家和地区的当地政府与其族群社会，也大多是通过当地华人来认识和交往。就以马来西亚为例，外界对华族以外的族群、社会的认识

[①] 也有学者认为，若从 1955 年联盟赢得马来亚自治邦的第一场普选算起，联盟及 1974 年后在联盟基础上扩充而成的国民阵线，已不间断地执政了 63 年。王国璋：《"大局"之辩：微观与宏观下的 2018 年大选和华社》，载潘永强主编《未巩固的民主：马来西亚 2018 年选举》，华社研究中心，2019，第 151 页。

难免远逊于华族。马来人和当地华族这种基于文缘、血缘、神缘等的相似，并主要限于某些特定族群之间的交往（并可能延伸至特定政党），以及对双方的认识和关系的维护，当中马两国外交在特定时期发生整体性的变化，那么之前特定族群和特定政党的交往及关系就极有可能受到较大挫折，而面对新的外交局面，也可能需要花费更多的精力和成本去建构，这对中马双方都是较大的考验。

本文成稿时，2019年北京第二届"一带一路"高峰论坛刚刚落幕，94岁高龄的马来西亚时任总理马哈蒂尔与中国国家主席习近平会谈，前者在高峰论坛发表演讲时表示，他全力支持"一带一路"倡议，他肯定马来西亚将从"一带一路"的各种项目中受惠。习近平对马哈蒂尔说，中国和马来西亚建交45年，一半时间在马哈蒂尔任内，他对中马关系发展作出了重要贡献；当前，两国关系站在了新的历史起点上，要以共建"一带一路"为机遇，双方要坚持中马友好，相互尊重和信任；照顾彼此重大关切，相互理解和支持。加上马哈蒂尔访华前，各方高度关注的"东海岸铁路"和"大马城"项目获得重启，以及相关重要合作项目陆续签约，至此，目前中马关系得以回暖，各方投资者也恢复了信心。

"新马来西亚"尚未形成，但其存在的问题，特别是"5·9"大选后，马来西亚政治呈现的特征及未来发展变数，已成为国内外研究者特别关注的内容。而"5·9"大选后，中马两国关系一度扑朔迷离，至今日才"云开雾散"，呈现回暖姿态，但随着马来西亚国内未来局势可能出现的各种变化，中马两国关系将何去何从，本文尝试做一下分析。

一 "5·9"大选后马来西亚的政治特征

（一）希望联盟政府改革有声有色，但在改革深水区阻力明显，未来任务艰巨

2018年3月8日，希望联盟特意选择了"3·8政治海啸"10周年纪念

日，宣布其第十四届马来西亚全国大选竞选宣言，向民众展示其执政后将实施的政策和承诺。希望联盟竞选宣言涵盖5个领域，即减轻人民的负担，改革国家行政与政治机制，推动公正与公平的经济成长，根据，1963年马来西亚协议复沙巴和砂拉越的地位，以及建立一个国际眼中具现代、中庸及辉煌的大马大纲领。竞选宣言具体包括60项承诺，厚达201页，涉及经济、民生、教育、福利、行政体制改革等领域，还有执政百日内的承诺，如废除备受争议的消费税，将总理、首长及州务大臣的任期限制在两届等。总之，希望联盟认为当前的马来西亚已经偏离正轨，远离马来西亚第一任总理东姑阿都拉曼所宣称的那样，要建立一个基于自由和公正原则的独立国家。希望联盟的竞选宣言认为，如今马来西亚的国家重要机关已失去独立性，以至于无法履行其监督功能，从媒体到司法机构，再到高等教育学府，都已失去自主权，无法有效彰显其功能，就连统治者理事会的意见也被操弄。而对华社而言，希望联盟的竞选宣言指出，根据第50项承诺《恢复公立大学和高等教育权威》中的内容，统考文凭早已被世界顶尖大学普遍承认和接受，能够让统考生报名入学，所以希望联盟将承认统考文凭，让华校独立中学学生（以下简称独中生）可以以统考成绩申请进入本地国立大专学府。此外，希望联盟承诺会公平地对待各源流学校，包括提供足够的拨款和师资给有关学校。希望联盟还承诺，成立皇家调查委员会调查一马公司、联邦土地发展局、朝圣基金局的丑闻等。

纵观希望联盟执政1年来的情况，涵盖5个领域方面的改革应该说都有涉及。在经济领域，为减轻人民的负担，废除了消费税（GST），规定月均收入未达4000林吉特者可延缓还高教贷学金（部分落实），为低收入人群提供每年500林吉特的医疗补助金，恢复汽油补贴，废除施加于垦殖民的不合理债务（部分落实），特别是改革经济体制，把原来由总理府负责的经济职能划归到经济部或财政部，等等。在政治领域，改革选举委员会，由在野党议员出任公账目委员会主席（经过朝野政党激烈角力之后），由印度裔汤姆斯任总检察长，东马人马拉尊任首席大法官，设立国会特别遴选委员会，监督与制衡政府各部门的运作，由在野党主导国会议程的反对党日，恢复国会自主权；成立内阁特别委员会，检讨和落实《1963年马来西亚协议》（部分落实），设立皇家调查委员会调查一马发展公司、联邦土地发展局、人民信托局以及朝圣基金局，并改革重组这些机构的管理层（已经进行，各部分程度不一）。至于其他领域，多少有些进展，本文不赘述。

由上观之，希望联盟政府在很多领域进行了改革，也逐渐兑现其竞选宣言。但在一些深水区，改革遇到瓶颈，看不到未来进一步推动的可能性以及达到的程度，至少在近期并不乐观，比如在希望联盟政府第一届任期，或在马哈蒂尔作为总理的两年过渡期内，希望联盟竞选宣言内容的兑现并不乐观。这些改革深水区有，推动地方选举，废除《大专法令》，废除《煽动法令》，废除教育等领域的固打制，废除《2016年国家安全理事会法令》，决定保留死刑仅废除强制性死刑，暂不签署《消除一切形式种族歧视国际公约》（ICERD）、《罗马规约》，以及华人社会普遍关注的承认统考，等等。围绕废除死刑、是否签署ICERD和是否承认统考等议题，不仅掀起马来西亚"5·9"大选后的族群矛盾，也加深了社会关于司法公平、教育平等、统治者特权等问题的紧张氛围，以至对稚嫩的希望联盟政府的稳定性造成巨大威胁，所以马哈蒂尔政府对上述问题的多次叫停，让社会质疑希望联盟政府改革的勇气、魄力、决心和前景，担心新政府是否会沦为另一个国民阵线政府。

（二）马来西亚朝野政党的宗教和种族特征依旧鲜明

"5·9"大选被许多人视为马来西亚第二次建国，自然是要建立马来西亚人的马来西亚，可无论是在野党还是希望联盟的四个执政党，它们所体现的宗教和种族特征依然十分鲜明。巫统与伊斯兰教党，在谁才真正代表马来人利益，谁更真正维护伊斯兰教在马来西亚的主导性、至上性不受侵犯等方面，经常发生龃龉。当前这两个政党皆未入主布城执政中央，虽然未签署成立联盟的协议，但未来在许多议题上，两党将充分合作，以代表和维护马来人利益，保证伊斯兰教在马来西亚的至上性、神圣性。比如，在金马仑、士毛月和晏斗三区补选中，伊斯兰教党和巫统的成功合作（包括马华公会、国大党），取得了三连胜。希望联盟候选人接连失败，原因错综复杂，包括经济萎靡、政府政策不力等，伊斯兰教党和巫统提出"要维护马来人的利益""维护伊斯兰教的神圣性"口号，加上两党各自高效动员当地选民、推出当地人为候选人等。在这些因素的共同作用下，在野党取得了三连胜。

第十四届大选结束后，马来西亚默迪卡民调中心指出，约有95%的华人选票在5月9日当天投给了由马哈蒂尔领军的希望联盟；但在马来人选票方面，则依然有35%～40%的选票投给了国民阵线，另外有30%～33%的选票投给了伊斯兰教党，而投给希望联盟的马来人选票仅有25%～30%。第十四届大选，希望联盟政府只斩获了30%左右的马来人选票。默迪卡民调中心分析员还认为，被视为马来西亚最大票仓的马来人选票三分天下，也意味着，目前马来西亚国内的三大主要政党或政治联盟，未来要争取马来选民支持的竞争将更为激烈。① 自新政府成立后，从希望联盟政府的一些政策和领袖的言论来看，印证了争取和扩大马来穆斯林选民的支持，将会是政府和领袖的长期考虑。比如，2018年7月，印度政府证实，已于当年1月向马来西亚政府提出正式引渡印度籍的伊斯兰传教士扎基乃克，因为他常常发表极端言论，被指控有挑衅宗教情绪、支持恐怖活动和洗黑钱的罪责。但希望联盟政府掌管宗教事务的总理府部长姆加希，不仅会晤扎基乃克，还称赞对方是启发灵感的精神人物，姆加希也表示，只要扎基乃克遵守马来西亚法律，他就有权住在马来西亚。而马哈蒂尔也曾声称，除非扎基乃克违反马来西亚法律，否则政府不会无故遣返，此番言论引起外界哗然。② 无论是国民阵线政府，还是希望联盟的新政府，对外来宗教争议人士扎基乃克的处理结果都极为相似，证明新旧政府都在伊斯兰教和马来人"宗教+族群"问题上具有谨慎性和保守性的特征。

---

① 《第14届大选：希盟全扫华裔选票 马来票三分天下》，https://www.themalaysianinsight.com/chinese/s/54719，最后访问日期：2019年5月3日。
② 《姆加希接见盛赞扎基，拉蒂花轰"不如回伊党"》，https://www.malaysiakini.com/news/467812，最后访问日期：2019年5月3日。

有学者认为，希望联盟政府面临的最大问题，也是马来西亚政治不能解决的问题，即种族主义政治制度的根源，推翻巫统政权就等于推翻了种族政治是错误的想法；1957 年马来西亚宪法本身就允许种族主义的执行，马来人特权是最明显的例子，而真正主张各种族平等的宪法是 1946 年马来亚联邦宪法，目前国民阵线政权的下台，还不至于给这一代马来西亚人提供如 20 世纪 40 年代那样重新建国的机会。① 也有学者认为，身份政治的争议涉及马来穆斯林社会内部的变化、分歧和角力，在种族政治的炒作下，常被简化为马来人和非马来人、穆斯林和非穆斯林，如，反对遣返扎基乃克的人未必反对承认统考文凭；某些英文源流教育背景的"开明"马来人，认同改革宗教官僚体系，却对承认统考文凭有所保留，而不少马来民族主义者与伊斯兰主义者在一些议题上又是对立的。②

当下，面对在野党巫统和伊斯兰教党指责希望联盟政府无法保障马来人和伊斯兰教的权利时，马哈蒂尔在多个场合表明，政府不只是致力于照顾马来人的利益，也要平等对待所有族群。然而一些民调表明，54.4% 的马来人不信任希望联盟的"马来人议程"，包括捍卫马来人权益，以及以伊斯兰教作为官方宗教的事情。超过 60% 的受访者认为，非马来人现在掌控了政府，而民主行动党更是布城的发号施令者。③ 于是，为争取马来选民的支持，也为了向马来人表明政府对种族政策的新立场，2018 年 9 月 1 日，希望联盟政府召开了"土著及国家未来大会"，马哈蒂尔在会上对超过 2000 名土著参与者循循善诱，要土著思考未来的命运，而非一直向政府提出要求。他表示希望联盟政府宁愿输掉政权，也不愿一味地满足土著；未来土著若将政府给予的合约卖给其他人，该合约将被取消。马哈蒂尔还说："你们不要在大

---

① 何启良：《当前马哈蒂尔政权的挣扎与局限》，载潘永强主编《未巩固的民主：马来西亚 2018 年选举》，华社研究中心，2019，第 101～102 页。
② 丘伟荣：《新马来西亚的旧问题》，载陈亚才合编《5·9：民意觉醒，马来西亚第 14 届选举专号》，吉隆坡：大将出版社，2018，第 166 页。注：原文发表于《当代评论》2018 年 7 月 23 日。
③ 《巫裔 55% 不满盟政府，六成认为受行动党宰制》，https://www.malaysiakini.com/news/462376，最后访问日期：2019 年 5 月 3 日。

会结束后就回家等候机会，等待财富送到你的面前，或向政府提出各种要求，而是应该要自力更生和努力。"不过，这次大会让非马来族不满的是，其中一项议案建议国家教育理念应作为基础，整顿现有的教育体系，成立单一源流教育体系。①

（三）希望联盟政府执政经验不足，希望联盟成员党关系不稳固

"5·9"大选在马来西亚具有里程碑式的历史意义，可以从很多角度进行阐释，而希望联盟四个成员党放下成见、协商共治、联合结盟，应是最重要的一个方面。土著团结党与民主行动党、人民公正党均有错综复杂的"历史恩怨"，但为了合力扳倒纳吉布政府，尽管面临重大挑战，三党领袖马哈蒂尔、林吉祥和安瓦尔"冰释前嫌"，加上国家诚信党，共同组成希望联盟。不过，由于各党基层代表广泛，对高层之间的合作，基层代表的意见未必就与高层相同。②加上希望联盟执政以来，一些政策存在不少瑕疵，这些不同意见不仅指向友党，也逐渐在一党内部得以呈现。所以，希望联盟成员党关系不稳固既表现在四党之间，同一个党内部也不稳固。客观而论，马来西亚第一次政党轮替是通过四党反复利益协商实现的，这已属不易，党派之间本身就有不同的政治利益诉求和历史演变背景，有矛盾也正常。

如果要说希望联盟四党之中最敏感、最不确定、最受关注的问题，则属土著团结党与人民公正党的关系，特别是两党领袖马哈蒂尔与安瓦尔之间的关系，主要问题聚焦在按计划前者是否将总理大权平稳顺利地转交给后者。众所周知，马哈蒂尔和安瓦尔都皆是马来西亚当代政坛的传奇人物，而他们亦敌亦友亦师的关系也同样传奇。在反对党的普遍质疑下，也在马哈蒂尔多次声称将遵守承诺，而安瓦尔也表态不急于接棒、要多给马哈蒂尔时间进行各项改革，以及土著团结党连续接纳巫统跳槽党员及国会议员、其国会下议

---

① 《大马土著大会呼吁经济自立》，《亚洲周刊》2018年9月16日，第36期。
② 《"前独裁者"指称非新鲜事，努鲁坚称改革缓慢》，https://www.malaysiakini.com/news/469669，最后访问日期：2019年5月3日。

院议席从当初的13席翻倍为26席的背景下①，人们对马哈蒂尔和安瓦尔未来的关系走向高度关注，越来越担心这两年希望联盟政府政权是否稳固。至于党内的稳定性，外界最关注的则是人民公正党未来的走向，毕竟安瓦尔在党内的权威地位已受到普遍怀疑，署理主席阿兹敏对安瓦尔的领袖地位已形成挑战，随时会引发政坛动荡。②

至于希望联盟政府官员执政经验普遍欠缺，或许部分希望联盟支持者愿意体谅他们。又按希望联盟四党的共识，他们是在没有任何预料当选的情况下，入主布城中央政府的。也有人认为，参加竞选并当选的希望联盟国会议员，大多是勇敢之辈而非有执政经验者，所以一些内阁部长经常反复修改政策。但是，执政一年后，希望联盟政府官员仍普遍经验不足，在当前经济运行压力加大的情况下，几份民调已显示希望联盟的支持率都在下降③，马哈蒂尔是否有必要改组内阁，人们也拭目以待。

二 "5·9"大选后中马关系经受的考验及未来展望

中马两国关系源远流长。中华人民共和国成立后，两国并没有建立外交关系，直到20世纪70年代初两国才建立双边外交关系。基于马来西亚温和而世俗的国内环境、不结盟而独立自主的对外政策，以及马来西亚的国家综合实力，总体来看，马来西亚与绝大多数国家都能保持友好交往，即便有矛盾争执，也大多是斗而不破。④

---

① 截止时间为2019年5月2日。
② 《蓝眼党选成败已定 安华阿兹敏势力或此消彼长》，https://www.themalaysianinsight.com/chinese/s/110669，最后访问日期：2019年5月3日。
③ 《希盟民意跌穿五成门槛，政府39% 首相46%》，https://www.malaysiakini.com/news/473839，最后访问日期：2019年5月3日。
④ 有学者认为，论人口、国土面积和影响力，马来西亚只是一个小国，然而马来西亚却比其他小国有更丰富的外交资产，甚至部分学者认为马来西亚拥有"中等强国"的部分影响力。饶兆斌总主编、蓝中华主编《马来西亚外交与国防》，华社研究中心，2018，"导论"第1页。

前文提到，马来西亚与中华文化圈的其他国家和地区的关联一直甚为紧密，与中国的关系尤为特殊而密切。不过，这种特殊而密切的关系，在"5·9"大选前后，却受到了不小的考验，这是两国关系从20世纪90年代中期后极为罕见的。但综观希望联盟四党成立的背景、四党特征、希望联盟取得中央政权的前后，以及国民阵线政府的施政缺陷，再加上中国对马来西亚朝野政党关系的接触和处理，包括个别中资企业和重大项目在马来西亚的签约、落地和运行中可能存在一些问题，共同导致了"5·9"大选前后，中马两国关系出现了前所未有的考验。以下从政经两个方面来讨论。

第一，"5·9"大选后初期，以个别大型项目的社会舆情来看，中马两国经贸关系似乎陷入停滞，双方合作前景一度不明朗。马哈蒂尔政府连续叫停东海岸铁路项目，暂停马新高铁项目，取消马六甲多产品输送管项目和泛沙巴煤气输送管项目，检讨碧桂园森林城市项目等。这些中方大型项目受阻，引发的社会舆情在全球范围内受到关注。同样，"5·9"大选后初期，也难得再有中国大型项目签约落地在马来西亚的消息见诸报端。

第二，"5·9"大选后初期，中马两国高层领袖交流相对谨慎，2018年8月马哈蒂尔访华后，两国高层对话方始恢复。鉴于马哈蒂尔第二度任总理后，访华前已两度访问日本，引发外界对马来西亚在中日两国之间进行平衡外交的质疑。但无论如何，前往北京，是马哈蒂尔对东盟以外国家的首次正式访问，在中马关系出现"变局"的阴影下，马哈蒂尔总理的这次访华无疑增进了中马高层之间的互信，为后来中国政府与马来西亚新政府的全面合作奠定了基础。自此，双方相关部门本着互相尊重、互为体谅的原则，就马来西亚前任政府留下的一些"棘手问题"展开了多次交流。

第二届"一带一路"高峰论坛期间，马哈蒂尔在第二度任马来西亚总理后第二次访华，和他一起到访的，还包括东盟九国政府领袖以及其他国家领袖。这是近几年，罕有的东盟十国领导人齐聚北京的现象，这一方面证明了东盟国家对中国的重视；另一方面也显示了中国与美国贸易摩擦持续发酵下，中国对周边国家的高度关切。

2018年，马来西亚与东盟其他国家的贸易额为5092亿林吉特，而中国依然是马来西亚最大的贸易伙伴，马中两国贸易额达3138亿林吉特（再次突破1000亿美元），年增速为8.1%，占马来西亚贸易总额的16.7%。[1] 可见，"5·9"大选产生的政党轮替，未对两国经贸往来造成根本性的阻碍与破坏。

马来西亚领导人出席第二届"一带一路"高峰论坛，是"5·9"大选后中马两国关系发展的转折点。展望未来中马两国的双边合作，可着眼于以下几个方面。

第一，在当前中国倡导全球化、反对贸易保护主义，力推"一带一路"倡议的背景下，中马两国未来中短期关系是否顺利，主要还是受马来西亚一方的影响更大。族群、宗教、政党内部及政党间关系（希望联盟四党关系、国民阵线与伊斯兰教党的关系）、经济民生等，所导致的马来西亚内政变化而外溢其国际关系，则有可能影响中马两国关系的平稳前进。

第二，2018年中国与马来西亚双边贸易额再度突破千亿美元大关，表明两国贸易互存度极高、合作韧性极大，不轻易受两国政局波动的影响，但应注意个别行业、个别项目可能造成的负面影响。中马两国投资贸易涉及方方面面，包括机械、能源、电子、食品、技术、农牧业等，而基础设施项目和大型房地产企业，近年来异军突起，由于能见度高，造成当地社会对中资大举进入马来西亚、中资主导了外资的深刻印象；同时，一些项目是两国直接谈判、没有公开招标、过程缺乏透明，且成本过高，马来西亚可能承受一些较大的借贷，并且还涉及了环境保护、利惠当地民生不突出等问题。[2] 必须指出，基础设施项目和大型房地产工程仅仅是中马双边经贸关系的一部分，个别项目的问题不代表所有中资项目都可能出问题，更不能否定中资企业对马来西亚经济和社会发展的贡献，但由于个别行业、个别项目的产生、

---

[1] 《大马去年出口成长6.7% 3重挑战今年料放缓》, http://www.orientaldaily.com.my/s/277323, 最后访问日期：2019年5月3日。

[2] 饶兆斌：《第14届马来西亚大选中的中国因素》, 载潘永强主编《未巩固的民主：马来西亚2018年选举》, 华社研究中心, 2019, 第201~204页。

落地、运行过程缺乏透明等原因造成不良影响，双方均有责任，至于未来是否还会出现有问题的项目和不良影响，双方政府和企业都应提前做足功课，真正为两国民众和社会谋福祉。

第三，面对未来有可能趋于更复杂的马来西亚内政和中马双边关系，中国应更为自信和开放地面对与处理，如，加强对马来西亚朝野政党、NGO等组织的全方位接触和研究，同时中国国内舆论宣传也应与时俱进、适度开放，尤其是有关中资大型项目在马方进展情况的报道方面。

前文提到，马来人和当地华族这种基于文缘、血缘、神缘等的相似，只限于某些特定族群之间的交往（并可能延伸至特定的政党），当中马两国整体外交在特定时期发生变化，那么之前特定族群和特定政党的交往和关系就极有可能受到较大挫折。马来人作为马来西亚的第一大族群，中国官方和民间社会应大力拓展与他们的交往。如何全面接触和深入马来人社会，做到相亲与相通，这考验着希望联盟政府与中国政府的努力和智慧。①

三 结语

"5·9"大选在马来西亚历史上具有里程碑意义。它带来马来西亚第二次建国的机遇。以马哈蒂尔为首的希望联盟政府担负着马来西亚民众诸多的改革期待。综观希望联盟政府执政以来的政经文教，尽管离"新马来西亚"的标准尚有很大差距，但也并非无迹可寻。

像绝大多数国家一样，中国官方和社会都未预料到马来西亚会发生第一次政党轮替。"5·9"大选后初期，中马两国的双边关系经历了"微妙、敏感"的阶段，2018年8月马哈蒂尔访华后，双边高层互信恢复并逐渐巩固，当马哈蒂尔参加在北京召开的第二届"一带一路"高峰论坛时，中马双边关系进入了新的全面合作阶段。

---

① 钟大荣：《在务实中推进中马合作》，http://opinion.huanqiu.com/hqpl/2019 - 03/14501072.html? agt = 15438，最后访问日期：2019 年 5 月 3 日。

展望中短期中马两国未来的关系，其关键因素取决于马来西亚的内政变化。在宗教和种族特征依旧鲜明的背景下，希望联盟政府如何尽快克服执政经验的不足，稳定而团结地向深水区改革前进，不仅是其长期执政需要，也会直接影响马来西亚与其他国家的未来合作。

Contents

I Politics

Research on Malaysia 5 · 9 Election and Political Development

Liu Yong / 001

Abstract: Political powerman Mahathir led the Pakatan Harapan to win the national election and finally enabled Malaysia to achieve political party rotation at 9 May 2018. The direct reason for the victory of the Pakatan Harapan are that, the split of the Malays because of the competition of the Malay political parties, the centrifugal force of the people because of the long-term government corruption and the leadership of Mahathir for the opposition coalition. The political development after general election, the end of intimidation politics under UMNO will eliminate the gap between ethnic groups, however, the vertical division and the horizontal division of society will lead to the intensification of political fragmentation; The initial formation of the two-line system will promote the loosening of authoritarian politics to a certain extent; at the same time, the development of political party types will also have a certain impact on the development of political party and democratization in Malaysia. Although Malaysia's political development has a tendency to move towards democratization, there are still some hidden concerns about its future development.

Keywords: Malaysia; General Election; Party Politics; Pakatan Harapan

Contents

Eternal Surrogate: An Analysis of Wan Azizah Ismail's Political Career

Fan Ruolan / 025

Abstract: Wan Azizah Ismail is currently the President of Malaysia's People's Justice Party, and is also the first female leader of the opposite party coalition and female vice prime minister in Malaysia. She has been seen as the political surrogate who started her political career after her husband, Anwar Ibrahim was arrested and have participated in multiple campaigns on behave of her husband. The article thus looks into Wan Azizah's political career with further analysis of her moralistic advantages of wellbeing female role model and function on consociate the opposite parties, as well as her identity disadvantages of being accused as Anwar's puppet figure. Her identity of political surrogate has then profoundly restricted Wan Azizah's career path and the altitude she can reach.

Keywords: Wan Azizah Ismail; Female Political Leader; Malaysia

II Malasian Chinese

The Strategy-changing of Malaysia Dong Jiao Zong in Maintaining China's Education *Ng Chan Chai (Malaysia) / 045*

Abstract: The study examined the role of the Dong Jiao Zong in maintaining China's education in the country. As a non-governmental organization consisting of a combination of the two organizations, Dong Jiao Zong has been long-established in Malaysia. This research is important to know the extent of Dong Jiao Zong has been instrumental in effect in maintaining its existence through the strategy of struggle. Guided by the theory of open systems, the effectiveness of the role of the Dong Jiao Zong studied and measured through changes in the diversity strategy of struggle. The methodology is a combination of qualitative and quantitative analysis of documentation, interviews and questionnaires over two hundred employees of Dong Jiao Zong as a method of collecting data. Data analysis involves a systematic content analysis and descriptive statistical analysis. The results showed changes in the diversity strategy of the struggle conducted by the Dong Jiao Zong to achieve its goal because the organization had to adapt to an uncertain environment. In summary, based on the diversity strategy of struggle, Dong Jiao Zong found to be effective in achieving its goal of keeping the Chinese education in Malaysia.

Keywords: Chinese Education; Dong Jiao Zong; Chinese Organizations; Vernacular Education; Chinese Community

The Folk Belief of Minnan People in Malaysia

Bon Hoi Lew（Malaysia）／062

Abstract: Minnan people in Malaysia are fond of folk beliefs, which are related to the worship of gods in Yuanxiang of Fujian, from Fuzhou county to village. There are basically two categories of gods: one is the national gods beyond the dialect group, such as Guanyin, Tudi Gong and Guandi. The other is the ancestor god or patron god of hometown, such as Fazhu Gong, Guangze Zunwang, Qingshui Zushi, Baosheng Dadi, Huize Zunwang, Kaizhang Shengwang, Ling 'an Zunwang and Wangye belief. The folk beliefs of the minnan people in Malaysia have three local characteristics. The first is the common worship with the gods of different regions and dialect groups. Second, believers are no longer limited to the minnan group; Third, it is not only to pray for peace, seek spiritual comfort and worship the gods, but also to support the social functions endowed by the Chinese society and the functions of the Malaysian Chinese society.

Keywords: Malaysia; Minnan People; Folk Belief; Deity Worship

Contents

Localization of Hakka Folk Songs in Malaysia
—Taking the Famous Singer Hew Wei Choong and His Creation as an Example　　Soo Khin Wah (Malaysia) / 089

Abstract: Hew Wei Choong was born in Bidor, Perak in 1942. He moved to the tin mine in Malim Nawas, Perak. Influenced by his parents, he loved to sing folk songs. By the 1970s, Malaysia's tin mines had gone into decline, the Hakka had moved to towns, and the chance for Hew Wei Choong to sing folk songs had diminished. The support of the MCA in the by-election for the Gopeng parliamentary seat in 1987 brought a new opportunity for Hew Wei Choong to sing folk songs. Hew Wei Choong believes that it is not an easy task to pass on this free and independent folk song art to the Hakka people in the new era. Therefore, he sought for familiar singing themes, advocated the use of the past for the present, and developed and created folk songs with innovative methods.

Keywords: Malaysia; Hakka Folk Song; Localization

Difficult Choice from "Returning to Their Roots" to "Taking Root Where They Reside"
—Taking the Overseas Chinese of Longyan Origin in Malaysia as an Example
　　Zhang Youzhou / 110

Abstract: From the Ming and Qing dynasties, people in Longyan area began to make a living in the southern ocean on a large scale. However, after several centuries, most of the immigrants were unwilling to settle down and take root in the southern ocean; they defined themselves as overseas Chinese who were bound to return to their roots. There are three main reasons for this: first, men went abroad alone while women stayed at ancestral home; the second is the colonial rule of western powers; third, there have been incidents of Chinese exclusion in the place where overseas Chinese live. But since the end of World War II, the concept of taking root has gradually replaced the idea of returning to the root.

There are also three main reasons for this: first, it is a long journey across the sea; second, they have built their families and started their careers; third, after the independence of the colonies, the country does not recognize dual nationality. Therefore, since the 1950s, most of overseas Chinese of Longyan origin in Malaysia consciously or unconsciously have taken root, further integrated into the local society, and become a member of the multi-ethnic family, serving and contributing to the country and playing a role in the harmony with other ethnic groups.

Keywords: Immigrant; Malaysia; Overseas Chinese of Longyan Origin

Historical Perspective of Newspaper Practice: Social Impact and Wealth Accumulation Gap of Overseas Chinese between Guangdong and Fujian in Malaysia　　　　*Peng Weibu* / 128

Abstract: Two provinces of Guangdong and Fujian exported a large number of overseas Chinese to Malaysia. These overseas Chinese have launched a large number of newspapers to disseminate Chinese culture and promote the economic development of overseas Chinese. The history of Chinese press in Malaysia has lasted for more than two centuries since the beginning of《察世俗每月统记传》. Over the past two centuries, overseas Chinese of Guangdong and Fujian have made great contributions to the modern and local Chinese society, rewriting Chinese history and making outstanding contributions. Following the historical evolution, after the Revolution of 1911, the enthusiasm of the overseas Chinese of Guangdong to run newspapers declined, and they were gradually overtaken by Fujian chinese. Finally, Fujian chinese dominated the development of Chinese newspaper industry in Malaysia, exerting an important influence on the local overseas Chinese society, showing that the social influence and wealth accumulation of the overseas Chinese of Guangdong were stagnant and also shows that the ideological innovation of the overseas Chinese of Guangdong lags behind that of the overseas Chinese of Fujian. This paper divides the history of the overseas Chinese of Guangdong and Fujian in Malaysia into four stages, analyzes the practice of the overseas Chinese of Guangdong and Fujian in running newspapers and their influence on the local overseas Chinese society, and explores the reasons for the distance between their ideological innovation and wealth accumulation.

Keywords: Guangdong and Fujian Chinese; Malaysia; Chinese Media

Ⅲ Sino-Malaysian Relation

Political Features of Malaysia after 5 · 9 Elections and Future
Trend of Sino-Malaysian Relation　　　　　*Zhong Darong* / 143

Abstract: The general election of 5 · 9 brought an important reformative opportunity for Malaysia, but in the past year, the reformation of the PH government, although impressive, rebounded significantly in the profundal zone. After the succession of political parties, the religious and ethnic characteristics of the court and the commonalty in Malaysia are still distinct. At the same time, the governing experience of the PH government is obviously insufficient and the party relationship is not stable. After the election, Sino-Malaysian relation has stood the test. Looking forward to the short-and medium-term future, the smooth relationship between the two countries mainly depends on the internal affairs of Malaysia. In addition, the two sides should pay attention to each other's sensitive and complex social issues and avoid publicity and extremism. As for the future relationship between the two countries, which is likely to become more complicated, China should be more confident and open in dealing with it and strengthen all-round contacts and studies with Malaysian political parties and NGOs.

Keywords: 5 · 9 Election; Malaysia; Sino-Malaysian Relation

图书在版编目(CIP)数据

马来西亚研究报告.2019－2020/林宏宇，钟大荣主编.－－北京：社会科学文献出版社，2021.6
ISBN 978－7－5201－8394－9

Ⅰ.①马… Ⅱ.①林… ②钟… Ⅲ.①马来西亚－研究报告－2019－2020 Ⅳ.①D733.8

中国版本图书馆CIP数据核字（2021）第092938号

马来西亚研究报告（2019~2020）

主　　编 / 林宏宇　钟大荣

出 版 人 / 王利民
责任编辑 / 黄金平

出　　版 / 社会科学文献出版社·政法传媒分社（010）59367156
　　　　　　地址：北京市北三环中路甲29号院华龙大厦　邮编：100029
　　　　　　网址：www.ssap.com.cn

发　　行 / 市场营销中心（010）59367081　59367083
印　　装 / 三河市尚艺印装有限公司

规　　格 / 开　本：787mm × 1092mm　1/16
　　　　　　印　张：10.5　字　数：162千字
版　　次 / 2021年6月第1版　2021年6月第1次印刷
书　　号 / ISBN 978－7－5201－8394－9
定　　价 / 78.00元

本书如有印装质量问题，请与读者服务中心（010－59367028）联系

△ 版权所有 翻印必究